Das alte Ägypten

Reich der Pharaonen

Das alte Ägypten

Reich der Pharaonen

R. Hamilton

p

Entwurf und Realisation: Atlantic Publishing

Parragon
Queen Street House
4 Queen Street
Bath BA1 1HE, UK

Produktion und Satz: THEMA media GmbH, München
Übersetzung und Fachlektorat: Christian Bayer, Susanne Petschel
Redaktion: THEMA media GmbH, München, Michaela V. Dietrich
Koordination: trans texas GmbH, Köln

ISBN 1-40545-507-1
Printed in China

Inhalt

Einleitung

Als Howard Carter am 26. November 1922 das Grab des Tutanchamun betritt, stößt er auf einen unglaublichen Schatz – Objekte, die über 3000 Jahre lang im Verborgenen gelegen hatten. Es ist der größte Fund seit Beginn der ägyptologischen Forschung und zugleich die bis dahin wohl spektakulärste Entdeckung der Archäologie. Reichtum und Pracht der Grabbeigaben des jugendlichen Königs lösen noch heute weltweit Erstaunen und Begeisterung aus. Die Bestattung dieses eher unbedeutenden Pharaos der 18. Dynastie, über den man lange Zeit nur wenig wusste, war höchstwahrscheinlich notdürftig in einem provisorisch hergerichteten Grab erfolgt. Welch ungeahnte Schätze hätten erst die Pyramiden und Grabanlagen der großen Pharaonen preisgegeben, wären sie nicht schon in der Antike geplündert worden?

Carters spektakulärer Fund, dessen Bergung medienwirksam von Legenden um einen Fluch des Pharaos begleitet wurde, löste bei einem breiten Publikum ein ungeahntes Ägyptenfieber aus. Für die Wissenschaftler aber, die sich gar entschlossen, ihr Leben der Erforschung des alten Ägypten zu widmen, war eine Entdeckung ausschlaggebend, die bereits 100 Jahre zuvor gelungen war.

In ganz Europa herrschte zu jener Zeit lebhaftes Interesse am Land der Pharaonen, insbesondere nach dem Erscheinen der Description de l'Égypte. Dieses gewaltige, in 20 Bänden über einen Zeitraum von zwei Jahrzehnten veröffentlichte Werk verdankte seine Entstehung einem Feldzug Napoleons 1798 nach Ägypten. Militärisch ein Desaster, bot dieser den mitreisenden Gelehrten jedoch ausreichend Gelegenheit, Denkmäler und Kultur des Landes vor Ort zu studieren.

Die Description de l'Égypte war aber nur ein erster Schritt. Im Jahr 1822 gelang dem Franzosen Jean François Champollion etwas, mit dessen Hilfe die Zeugnisse der Vergangenheit nach über eintausend Jahren erstmals wieder zum Sprechen gebracht werden konnten: die Entzifferung der Hieroglyphen. Diesen Durchbruch hatte er mithilfe des berühmten „Steins von Rosette“ erzielt. Die Geburtsstunde der Ägyptologie war gekommen und der Weg frei für grandiose Entdeckungen.

Schon lange zuvor zu Ruhm gelangt waren die wohl bekanntesten Wahrzeichen der pharaonischen Kultur, die Pyramiden. Zum Zeitpunkt ihrer Entstehung das größte Bauvorhaben des Planeten, stellen sie selbst nach den im 21. Jahrhundert gültigen Maßstäben eine technische Meisterleistung allerersten Ranges dar.

Das pharaonische Ägypten war jedoch weit mehr als nur ein mit Wohlstand und geschickten Handwerkern gesegnetes Land. Es war ein Staatsgebilde mit komplexer Weltanschauung. Die Sitten und Gebräuche der Menschen beruhten auf festgefügten religiösen Vorstellungen. Die Ägypter glaubten an eine Schöpfung, die als Ordnung aus dem Chaos entstanden war. Das Universum befand sich in einem empfindlichen Gleichgewicht, und die Aufrechterhaltung der Ordnung blieb eine stete Herausforderung. Diesem Anspruch gerecht zu werden war die vornehmliche Aufgabe des Pharaos. Zu seinen Pflichten gehörte

Links: Prunkvoll bemaltes Relief aus dem Grab des Prinzen Amun-her-chepeschef, Sohn Ramses' III.; 20. Dynastie. Es zeigt den König in vollem Ornat, wie er seinen Sohn vor die Götter der Unterwelt geleitet. Als der Prinz vorzeitig aus heute unbekanntem Grund starb, ließ Ramses III. in seinen späten Regierungsjahren für ihn dieses Grab im Tal der Königinnen anlegen.

es, den Lauf der Sonne und des Nils – der wichtigsten Lebensspender des Landes – in Gang zu halten. Dazu bedurfte es des halbgöttlichen Königs als Mittler zwischen Menschen und Göttern; waren Letztere zufrieden, blieb die Schöpfung erhalten und ein glückliches Dasein gewährleistet.

Die ägyptische Religion basierte vielfach auf Naturbeobachtung und täglicher Erfahrung. Tiere spielten in einer von der Landwirtschaft geprägten Gesellschaft natürlich eine große Rolle; Widder und Kühe genossen Verehrung wegen ihrer Fruchtbarkeit und Potenz, Krokodile und Schlangen wurden als Bedrohungen gefürchtet. Überhaupt glaubte man, dass alle Lebewesen von göttlichen Kräften durchdrungen seien; in späterer Zeit konnten bestimmte Tiere sogar als irdische Inkarnation eines Gottes gelten. Die zahlreichen Götter fungierten auch als Erklärungsmodelle der Welt. Wenn es etwa darum ging, die fünftägige Diskrepanz zwischen dem natürlichen Sonnenjahr und dem 360-Tage-Kalender der Ägypter zu begründen, griff man auf mythische Begebenheiten in der Götterwelt zurück.

An der Spitze der vielschichtigen Gesellschaft in Ägypten stand der Pharao, gefolgt von Angehörigen der Elite und des Verwaltungsapparates bis hinunter zum einfachen Bauern und Arbeiter. In den Hochphasen der ägyptischen Kultur gewährte das staatliche Versorgungssystem jedem Stand reguläre Einkünfte und sorgte für ein Auskommen im Diesseits. Zu allen Zeiten blieb

Unten: Grab des Mereruka in Sakkara. Mereruka, Wesir unter Pharao Teti (6. Dynastie), war mit der ältesten Tochter des Königs verheiratet. Die im Jahr 1893 ausgegrabene Mastaba gehört mit 32 Räumen zu den größten Anlagen ihrer Art in Ägypten und zeugt von Mererukas außergewöhnlicher Stellung am Hof. Sie liegt in unmittelbarer Nähe zur Pyramide des Teti, ein Privileg, das gewöhnlich nur den höchsten Beamten gewährt wurde.

Oben: Grabbau in Abusir, einer der königlichen Nekropolen von Memphis, Ägyptens erster Hauptstadt nach der Reichseinigung um 3100 v. Chr. Sahure, zweiter König der 5. Dynastie, war der erste Herrscher, der Abusir zu seiner Begräbnisstätte machte. Die Pyramiden dort sind heute konstruktionsbedingt stark verfallen und bieten einen weniger imposanten Anblick als ihre wesentlich größeren Vorgänger in Giza. Einige der privaten Grabbauten sind jedoch mit außergewöhnlich feinem Reliefschmuck versehen.

darüber hinaus die Aussicht auf ein verheißungsvolles Leben im erwarteten Jenseits. Diese Grundpfeiler der ägyptischen Gesellschaft trugen dazu bei, dass die Zivilisation der Ägypter über drei Jahrtausende bestand, länger als jede andere zuvor und danach.

Waren die Ägypter in vielen Bereichen ausgesprochen fortschrittlich und innovativ, so zeigten sie sich zugleich äußerst konservativ. Egal, ob in Architektur, Transportwesen, Medizin oder Landwirtschaft – war erst einmal eine Methode entwickelt, die funktionierte, sah man keine Notwendigkeit für Neuerungen. So blieb der schiffbare Nil die Hauptverkehrsader, an ausgedehnten Straßennetzen bestand wenig Bedarf; es scheint im Ägyptischen auch kein Wort für „Brücke" gegeben zu haben. Interessant ist in diesem Zusammenhang darüber hinaus die Tatsache, dass das altägyptische Wort für Ägypter, „remetsch", zugleich Mensch bedeutet!

Das Zeitalter der Pharaonen – eine glanzvolle 3000-jährige Geschichte, in der 31 Pharaonendynastien über ein Volk herrschten, das atemberaubender Leistungen fähig war. Einiges hat die Ägyptologie im Lauf ihrer Geschichte herausgefunden, doch wir haben noch lange kein vollständiges Bild vor uns. Ständig kommen neue Funde hinzu, das bereits Bekannte wird von den Forschern unterschiedlich gedeutet und kontrovers diskutiert. So hat das alte Ägypten bis heute nichts von seiner Faszination verloren, und die Schätze der Pharaonen ziehen die Menschen nach wie vor in ihren Bann.

Chronologie

Vorgeschichte (um 5500 v. Chr.–3100 v. Chr.)

Klimaveränderungen erlauben die Besiedlung des Niltals einschließlich der Deltamündung. Jährliche Überschwemmungen lagern fruchtbaren Boden ab, der reiche Ernten ermöglicht. Aus Jägern und Sammlern werden sesshafte Ackerbauern, die zunehmend größere Gemeinwesen bilden; es entstehen erste politische Einheiten und komplexe theologische Konzepte. Sich verschärfende Konflikte zwischen Oberägypten und der Kulturregion des Deltas gipfeln um 3100 v. Chr. in der so genannten Reichseinigung, die später dem legendären König Menes zugeschrieben wird. Der Zyklus von Sonnenlauf und jährlicher Nilüberschwemmung beeinflusst die religiösen Vorstellungen vom Leben im Diesseits ebenso wie den Glauben an ewige Erneuerung und Existenz im Jenseits. Es entstehen große Begräbnisanlagen für die Könige und erste Gräber im Typus der Mastaba für die Elite. Um 3400 v. Chr. kommt es zur Entwicklung der Schrift; die frühesten noch erhaltenen Hieroglyphen stammen aus den Königsgräbern in Abydos.

Frühzeit (um 3100 v. Chr.–2686 v. Chr.; 1. und 2. Dynastie)

Endgültige Einigung des Landes unter König Horus Aha, der unter dem Namen Menes als erster Pharao in den späteren Königslisten geführt wird. Memphis, genau im Grenzbereich zwischen Ober- und Unterägypten an der südlichen Deltaspitze gelegen, wird die Hauptstadt des Reichs, während Abydos in Oberägypten die königliche Nekropole beherbergt. Aufbau einer Verwaltung, die Grundlage für die Organisation des Staats wird. Etablierung der Vorstellung eines sakralen Königtums, an dessen Spitze der Pharao steht und weltliche wie geistliche Macht auf sich vereint.

Altes Reich (um 2686 v. Chr.–2181 v. Chr.; 3.–6. Dynastie)

Ägypten erlebt eine erste lange Phase kultureller Blüte und materiellen Wohlstandes. Der Bau von Pyramiden als Begräbnisstätten der Pharaonen wird vordringlichste Staatsangelegenheit, da vom König und seinem Aufstieg zu den Göttern auch das Weiterleben jedes Einzelnen im Jenseits abhängt. Das erste monumentale Steinbauwerk der Menschheit, die Stufenpyramide Djosers, entsteht in Sakkara unter der Leitung des genialen Baumeisters Imhotep. Entwicklung der klassischen Pyramidenform zu Beginn der 4. Dynastie unter Snofru; Höhepunkt sind die gewaltigen Pyramiden von Cheops, Chephren und Mykerinos in Giza. Wichtigste Gottheit ist der Sonnengott

Re; die Bezeichnung des Pharaos als „Sohn des Re" wird Bestandteil der Königstitulatur. Bescheidenere Pyramidenanlagen in der 5. Dynastie; zur gleichen Zeit entstehen nahe Abusir große Sonnenheiligtümer. Schwund der Zentralmacht am Ende der 6. Dynastie und Steuerausfälle. Zusammenbruch des Reichs.

Erste Zwischenzeit (um 2181 v. Chr.–2055 v. Chr.; 7./8.–11. Dynastie)

Eine Periode, die von Instabilität und Zerfall geprägt ist; das Königtum hat an Autorität verloren, lokale Potentaten streiten um die Macht. Mit dem Ende des staatlichen Versorgungssystems brechen Elend und Hungersnöte aus. Zahlreiche Könige regieren nur kurz und teilweise parallel, jedoch nicht mehr über ganz Ägypten. Starke Diskrepanz zwischen Hofkultur und Provinzen. Allgemeine Verunsicherung, traditionelle Werte haben keine Gültigkeit mehr. Der Glaube an Osiris, den mythischen König und wiederbelebten Herrscher der Unterwelt, gewinnt an Bedeutung. Gaufürsten aus Herakleopolis erobern die Hauptstadt Memphis und regieren als 9./10. Dynastie. Niederlage gegen Fürsten aus Theben, die schließlich als 11. Dynastie über ganz Ägypten herrschen. Umzug der Residenz nach Theben.

Mittleres Reich (um 2055 v. Chr.–1650 v. Chr.; 11.–14. Dynastie)

Erneute Phase kultureller Blüte; Hochzeit in Literatur, Kunst, Wissenschaft und Architektur. Amenemhet I. usurpiert den Thron und begründet die 12. Dynastie; er knüpft an Traditionen des Alten Reichs an und verlegt die Hauptstadt nach Norden nahe dem heutigen el-Lischt. Rückkehr zum Pyramidenbau, jedoch in kleinerem Maßstab als zur Zeit des Alten Reichs. Der thebanische Gott Amun steigt zum „König der Götter" auf, sein Tempel in Karnak wird religiöses Zentrum des Landes. Abydos als

Kultstätte des Osiris wird zum wichtigen Pilgerzentrum. Einst rein königliche Begräbnistexte finden Eingang in private Bestattungsbräuche. Besetzung Nubiens. Im Lauf der 13. Dynastie schleichender Niedergang. Einwanderung westsemitischer Gruppen (Hyksos) ins Delta.

Zweite Zwischenzeit (um 1650 v. Chr.–1550 v. Chr.; 14.–17. Dynastie)

Erneut Verfall der Zentralmacht. Während der 15. und der 16. Dynastie herrschen einheimische Kleinkönige parallel zu den Hyksos, die im Delta Auaris zu ihrer Hauptstadt machen. Anführer der Hyksos beanspruchen königliche Privilegien und lassen sich als Pharaonen inthronisieren. Mit den Fremdherrschern kommen neue Technologien ins Land. Von großer Bedeutung waren die Streitwagen und damit verbunden Pferdezucht und -haltung. Handelsbeziehungen der Hyksos in den mykenischen Raum. Zunehmende Spannungen mit den thebanischen Fürsten im Süden führen zu kriegerischen Auseinandersetzungen; Ahmose, dem Begründer der 18. Dynastie, gelingt die Einnahme von Auaris und die Bezwingung der Hyksos.

Neues Reich (um 1550 v. Chr.–1069 v. Chr.; 18.–20. Dynastie)

Die endgültige Vertreibung der Hyksos stellt die Einheit des Landes wieder her; Ägyptens goldenes Zeitalter bricht an. Amun erlangt universelle Geltung und wird Schutzgott der Dynastie. Als neuen Begräbnisort wählen die Pharaonen das „Tal der Könige“ am thebanischen Ostufer. Der Ausbau der Armee stärkt das Reich und erlaubt militärische Feldzüge bis nach Syrien-Palästina; unter Thutmosis III. größte territoriale Ausdehnung Ägyptens. Der zunehmende Kult um den solaren Gott Aton gipfelt

in der Regierungszeit Amenophis' IV., der die anderen Götter verbietet, seinen Namen in Echnaton ändert und den Königshof nach Amarna in Mittelägypten verlegt. Wiederherstellung des traditionellen Pantheons unter Tutanchamun. Zu Beginn der 19. Dynastie wird Piramesse nahe dem heutigen Qantir im Ostdelta zur Hauptstadt. Unter Ramses II. Schlacht von Kadesch. Invasionsversuche von Seevölkern, Libyern und Nubiern während der 20. Dynastie scheitern. Wirtschaftliche Schwierigkeiten und Unruhen kennzeichnen das Ende des Neuen Reichs.

Dritte Zwischenzeit (um 1069 v. Chr.–747 v. Chr.; 21.–24. Dynastie)

Smendes (Gründer der 21. Dynastie) regiert von Tanis aus den Norden Ägyptens, die Hohepriester des Amun kontrollieren den Süden des Landes. Durch Heiratspolitik miteinander verwandt, regieren beide Häuser wohl in gegenseitigem Einvernehmen. Scheschonk I. gründet die 22. Dynastie. Längere Phase miteinander konkurrierender Könige verschiedener Dynastien. Fürsten aus Sais

(24. Dynastie) gelingt die Ausweitung ihres Machtbereichs auf das gesamte Delta. Pije, Herrscher des Reichs von Kusch im heutigen Sudan, dringt bis Memphis vor.

Spätzeit (um 747 v. Chr.–332 v. Chr.; 25.–31. Dynastie)

Schabako, Herrscher von Kusch, erobert Ägypten und etabliert die kuschitische 25. Dynastie, die mit dem Einfall der Assyrer im Jahr 671 v. Chr. endet. Diese setzen Saiten als Herrscher ein. Aufstieg Babylons, dem es 626 v. Chr. gelingt, Assyrien zu vernichten. 525 v. Chr. fällt Ägypten an die neue Großmacht Persien (27. Dynastie). Aufstände gegen die Perser; König Amyrtaios aus Sais gelingt deren Vertreibung. Usurpation des Throns durch Fürsten aus dem Delta (29. Dynastie). Nektanebos I. gelangt an die Macht (30. Dynastie), dann gerät Ägypten erneut unter persische Herrschaft (31. Dynastie). 332 v. Chr. erobert Alexander der Große Ägypten.

Griechisch-römische Zeit (332 v. Chr.–641 n. Chr.)

Die Ägypter feiern Alexander als strahlenden Helden, der sie vom persischen Joch befreit. Gründung Alexandrias als neue Hauptstadt. Ein General Alexanders begründet das Herrschergeschlecht der Ptolemäer, das 300 Jahre lang regiert. Reger Tempelbau im ganzen Land. Extreme Steuerlasten führen immer wieder zu Unruhen. Das Dekret zur Krönung Ptolemaios' V. (196 v. Chr.) wird auf einer Basaltstele festgehalten: dem legendären Stein von Rosette. Die makedonische Dynastie endet mit Kleopatra VII., Tochter Ptolemaios' XII., die erfolglos versucht, die Unabhängigkeit des Landes zu erhalten. Oktavian, der spätere Augustus, marschiert 30 v. Chr. in Ägypten ein, das nun Teil des Römischen Imperiums wird. Einführung des römischen Rechts, Griechisch bleibt offizielle Sprache. Ägypten wird zur Kornkammer Roms. Harte Lebensbedingungen der einheimischen Bevölkerung provozieren Aufstände. Verbreitung des Christentums in Ägypten, das schließlich unter der Regierung Konstantins I. (306–337 n. Chr.) Staatsreligion wird. Arabische Eroberung Ägyptens 641 n. Chr. Der Islam wird zur vorherrschenden Religion, wenngleich sich eine christliche Minderheit, die koptische Kirche, bis heute behauptet.

Das Alte Reich
Siedlung oder Stadt, um 3250 – 2000 v. Chr.
Nekropole
Königsgrab, um 3250 – 2650 v. Chr.
Beamtengrab, um 2500 – 2000 v. Chr.
Pyramide, um 2500 – 2000 v. Chr.
Mine/Rohstoff
Gold
Wüstenroute
0 100 km
0 100 Meilen
2000
1000
500
200
0 m
Mittelmeer
Küstenverlauf in der Antike
Delta
UNTERÄGYPTEN
PALÄSTINA
Totes Meer
Sinai
Golf von Suez
Golf von Akaba
Rotes Meer
Ostwüste
Westwüste
ÄGYPTEN
OBERÄGYPTEN
MEDJA
Irtjet
Wawat
Nubische Wüste
Yam
Satju
Nil
Tell er-Rub'a
Abu Roasch
Giza
Heliopolis
Saujet el-Arjan
Tura
Memphis
Abusir
Sakkara
Dahschur
Wadi Garawi (Kalzit)
el-Arijan
Tarchan
Seila
Meidum
(Kupfer)
Sedment el-Gebel
Ehnasije el-Medineh
Deschascheh
(Kupfer)
(Türkis)
Wadi Maghara
Oase Baharija
Wadi esch-Scheich
Nazlet Awlad esch-Scheich
Kom el-Ahmar Sawaris
Gebel et-Teir
Tuna el-Gebel
Beni Hasan
Deir el-Malak
Scheich Sa'id
Scheich Atija
Tell el-Amarna
Oase Farafra
(Kupfer)
Meir
Hatnub (Kalzitalabaster)
Dara
Deir el-Gebrawi
Matmar
el-Mostagedda
Assiut
Badari
Hamamijeh
Qau el-Kebir
Achmim
Dendera
Hagarsa
Nag ed-Deir
Abydos
Nag el-Gasirija
Deir el-Ballas
el-Amra
Abadija
Naqada
(Kalkstein)
Armant
Gebelein
Mo'alla
(Kupfer)
Oase Dachla
Nag el-Mamarija
el-Kula
Elkab
Hierakonpolis
Balat
Oase Charga
Edfu
Assuan (Roter Granit/Diorit/Gneis)
(Kupfer)
Qubbet el-Hawa
Elephantine
(Kupfer)
(Diorit/Gneis)
Toschqa
Buhen
Amra
30°
35°

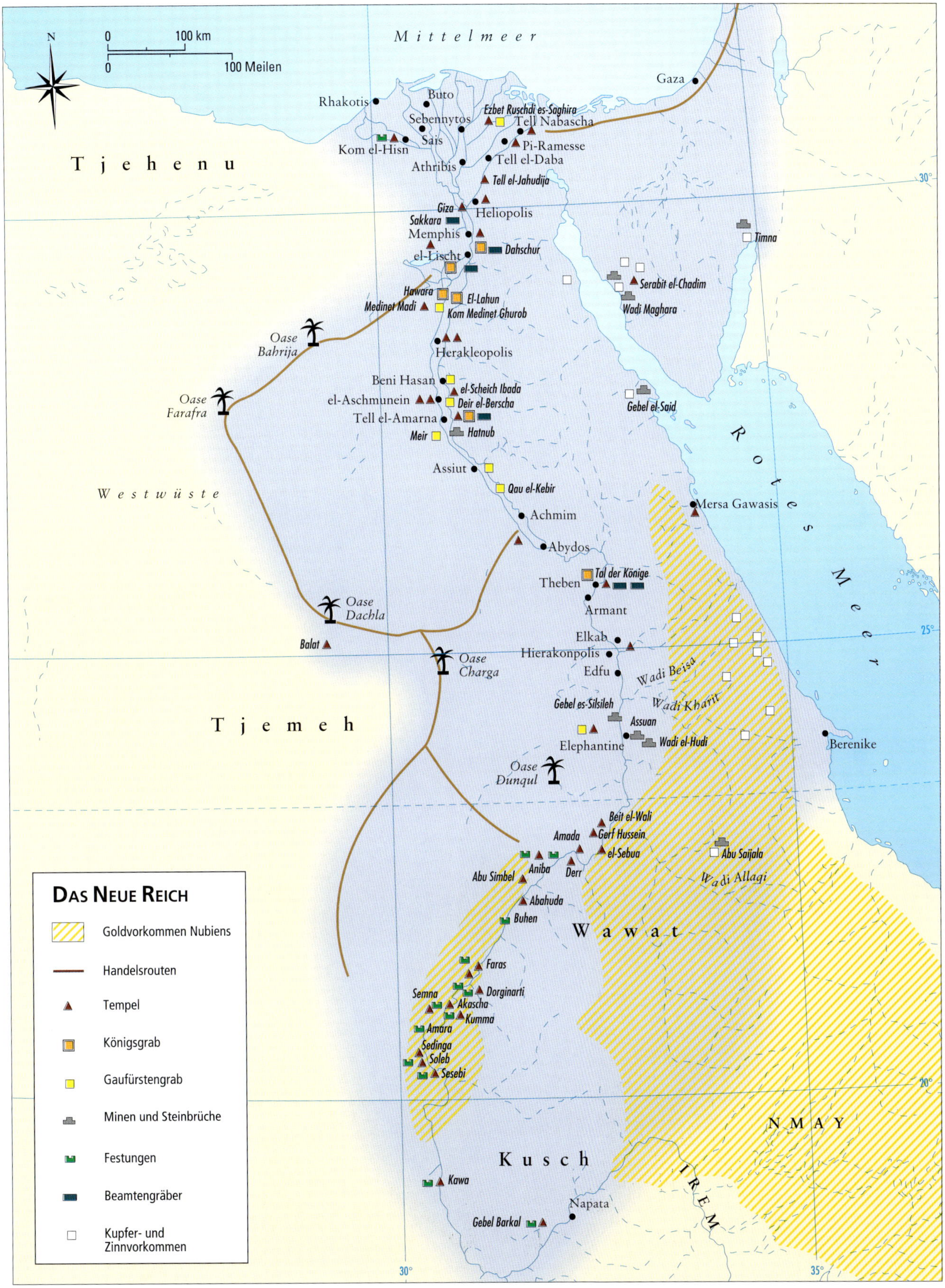

Mittelmeer
0 100 km
0 100 Meilen
N
Tjehenu
Rhakotis
Buto
Sebennytos
Sais
Kom el-Hisn
Athribis
Ezbet Ruschdi es-Saghira
Tell Nabascha
Pi-Ramesse
Tell el-Daba
Tell el-Jahudija
Gaza
Giza
Heliopolis
Sakkara
Memphis
el-Lischt
Dahschur
Timna
Serabit el-Chadim
Wadi Maghara
Hawara
El-Lahun
Medinet Madi
Kom Medinet Ghurob
Oase Bahrija
Herakleopolis
Oase Farafra
Beni Hasan
el-Scheich Ibada
el-Aschmunein
Deir el-Berscha
Tell el-Amarna
Hatnub
Meir
Gebel el-Said
Assiut
Qau el-Kebir
Westwüste
Rotes Meer
Achmim
Mersa Gawasis
Abydos
Tal der Könige
Theben
Armant
Oase Dachla
Elkab
Hierakonpolis
Balat
Oase Charga
Edfu
Wadi Beisa
Wadi Kharit
Gebel es-Silsileh
Assuan
Tjemeh
Elephantine
Wadi el-Hudi
Berenike
Oase Dunqul
Beit el-Wali
Amada
Gerf Hussein
el-Sebua
Abu Saijala
Abu Simbel
Aniba
Derr
Wadi Allaqi
Abahuda
Buhen
Wawat
Faras
Semna
Dorginarti
Akascha
Kumma
Amara
Sedinga
Soleb
Sesebi
NMAY
Kusch
IREM
Kawa
Napata
Gebel Barkal
30°
25°
20°
35°
Das Neue Reich
Goldvorkommen Nubiens
Handelsrouten
Tempel
Königsgrab
Gaufürstengrab
Minen und Steinbrüche
Festungen
Beamtengräber
Kupfer- und Zinnvorkommen

KAPITEL EINS

Entstehung einer Hochkultur um 3300–2686 v. Chr.

In Ägypten reichen erste Anzeichen menschlicher Besiedlung bis in die Zeit um 200000 v. Chr. zurück. Handelte es sich anfangs noch um nomadisierende Gruppen von Jägern und Sammlern, so entstanden ab etwa 10000 v. Chr., der auf die letzte Eiszeit folgenden Periode, erste Agrargemeinschaften – eine Entwicklung, wie sie sich auch in anderen Erdteilen vollzog. Im Land der Pharaonen begannen die Menschen, sich den Bedingungen der fruchtbaren Uferregionen des Nils anzupassen; im südlichen Oberägypten sowie im nördlichen Deltagebiet Unterägyptens entstanden erste Ansiedlungen. Die Bezeichnung Ober- und Unterägypten bezieht sich auf die Flussrichtung des Nils, der aus Innerafrika kommend von Süden nach Norden fließt. Dieser Strom sollte eine zentrale Rolle bei der Geburt einer der ältesten Hochkulturen der Menschheit spielen.

Alles Wohl hing von dem nährstoffreichen, dunklen Nilschlamm ab, der sich nach den periodischen Überschwemmungen an den Flussufern ablagerte und dem Land seinen ägyptischen Namen gab: „kemet", „schwarzes (Land)". Dieser fruchtbare Streifen war an drei Seiten von weitläufigen Wüstengebieten umgeben, den „descheret", „rotes (Land)". Diese lebensfeindliche Region bildete zugleich eine natürliche Barriere gegenüber den umliegenden Gebieten. Der Fluss war Lebens- und Verkehrsader zugleich und die Heimat zahlreicher Papyrusboote. Das Land bot reichhaltige Nahrungsquellen, Sicherheit, effiziente Transportwege – eine Infrastruktur, die die einheimische Bevölkerung geschickt zu nutzen verstand.

Die prädynastische Zeit

Noch bis 5000 v. Chr. war Ägypten ein Land unterschiedlicher Kulturen mit eigenen Sitten und Gebräuchen, die archäologisch in regionalen Begräbnistypen, lokaler Keramik und spezifischen Produkten greifbar sind. Bis zur politischen Einigung sollten zwar noch etwa 2000 Jahre vergehen, doch schon in dieser Periode dürften sich überregionale, verbindende Strukturen herausgebildet haben.

Bereits die prädynastische Zeit ist von Charakteristika gekennzeichnet, wie sie später für die pharaonische Epoche typisch werden sollten. Methoden effizienter Feldbestellung und Bewässerung bildeten sich heraus, handwerkliche Fertigkeiten der Schmuck- und Tonwarenproduktion wurden weiterentwickelt, Handelswege für den Güteraustausch erkundet. Insbesondere ägyptisches Gold erfreute sich später bei Handelspartnern in Vorderasien hoher Wertschätzung. Spezialisierung und wachsender Wohlstand führten in der Folge zu einer stärker differenzierten Gesellschaft. Grabanlagen mit reichen Beigaben blieben einer Elite vorbehalten und spiegeln deren Bedürfnis, ihren hohen sozialen Status auch im Jenseits zu behalten.

Der Glaube an ein Leben nach dem Tod zeigt sich insbesondere in den Bestattungsbräuchen. Die verhüllten Leichname wurden in Grabmulden beigesetzt, den Blick nach Westen, dem Sonnenuntergang, entgegengerichtet. Der Lauf der Sonne hatte zentrale Bedeutung im Zyklus von Tod und neuem Leben im

Gegenüber: Die Prunkpalette des Narmer erinnert an einen Sieg des Herrschers, der in Zusammenhang mit der Reichseinigung um 3100 v. Chr. zu sehen ist. Das heraldische Emblem vor dem König zeigt den Horusfalken über einem Papyrusdickicht, wie er den Kopf eines Gegners an der Nasenleine packt – ein Symbol für die Unterwerfung der Deltaregion. Der Beamte hinter dem König ist ein Indiz für eine frühe herrschaftliche Hofhaltung und eine organisierte staatliche Verwaltung.

Jenseits; als Sonnengott sollte der Himmelskörper zur bedeutendsten Gottheit des Alten Reichs aufsteigen. Der heiße Wüstensand konservierte die Körper durch Austrocknung auf natürliche Weise.

Die Naqada-Zeit

Um 4000 v. Chr. bildete sich eine neue Kultur heraus. Die Naqada-Zeit brach an, benannt nach dem ersten großen Fundort dieser Kultur in Oberägypten nahe Abydos, die sich etwa 900 Jahre lang behauptete und drei Entwicklungsstufen durchlief. Besonders charakteristisch sind die Tonwaren, unter ihnen vor allem die Gefäße mit schwarz geschmauchtem Rand der ersten Stufe und die mit Schiffen bemalten Gefäße der dritten Stufe. Aufgrund ihrer herausragenden Qualität waren sie begehrte Objekte des Tauschhandels mit Unterägypten.

Die Naqada-Kultur entwickelte zudem ausgefeilte Techniken zur Bearbeitung von Hartgestein wie etwa Diorit oder Breccie, die im Lauf der zweiten Stufe weiter vervollkommnet wurden. Im Verlauf der dritten Stufe kam es zur Reichseinigung und damit zu jener historisch bedeutsamen Phase der politischen Konsolidierung, die das Fundament der frühdynastischen Staatsentstehung bildete. Vieles deutet darauf hin, dass die politische Reichseinigung das Resultat einer kämpferischen Invasion der Bevölkerungsgruppen des Südens im Norden war. Als Ziele der Eroberung können die Inbesitznahme fruchtbarer Ländereien des Deltas und die Kontrolle der Handelswege nach Vorderasien angenommen werden. Ebenso ist es aber auch möglich, dass sich zunächst Handelsprodukte, wie die typische Keramik der Naqada-Zeit, im Norden verbreiteten und eine längere, auf Warenaustausch basierende Migration nach sich zogen, die der späteren – gegen Ende sicher von kriegerischen Auseinandersetzungen begleiteten – Reichseinigung den Weg ebnete.

Die ersten Könige

Welche Konstellationen und Faktoren die politische Einigung Altägyptens schließlich begleiteten und welche Rolle Kooperationen, Allianzen und Konflikte dabei genau spielten, ist noch nicht eindeutig geklärt. Um 3100 v. Chr. jedoch wurde das Land zentral von einem König

Links: Angeblich aus Naqada stammende Basalt-Statuette. Ihre Bezeichnung als „MacGregor-Mann" geht auf den Reverend William MacGregor zurück, aus dessen Sammlung sie 1922 ins Ashmolean-Museum, Oxford, gelangte. Im 4. Jahrtausend v. Chr. war der typische Stil ägyptischer Kunst noch wenig ausgeprägt.

Gegenüber: Arbeiter bei der Weinlese; Wandmalerei aus dem Grab des Nacht; Neues Reich, 18. Dynastie. Der Anbau von Wein lässt sich bereits für die 1. Dynastie nachweisen.

gelenkt und das soziale Gefüge durch eine streng hierarchische Gesellschaftsordnung geregelt.

Den eigentlichen Akt der Gründung des Staats sowie den der ersten Dynastie schreiben antike Überlieferungen einem König namens Menes zu, der auch die Hauptstadt Memphis gegründet haben soll. Für die Existenz dieses Königs gibt es allerdings keine zeitgenössischen Anhaltspunkte, doch nennen ihn die Annalen aus der Zeit des Neuen Reichs sowie der Geschichtsschreiber Manetho im 3. Jh. v. Chr. als ersten dynastischen Herrscher.

Aller Wahrscheinlichkeit nach ist der legendäre Menes mit dem historischen König Horus Aha identisch, allerdings beruht diese Gleichsetzung lediglich auf chronologischen Indizien. Bereits die Menes vorangegangenen Könige Skorpion und Narmer, die letzten beiden Herrscher prädynastischer Zeit, dürften über ein geeintes Ober- und Unterägypten regiert haben. Die Könige dieser Epoche werden heute allgemein unter der Bezeichnung Dynastie 0 zusammengefasst. Als ein bedeutendes Fundobjekt aus dieser Zeit gilt die Prunkpalette König Narmers, die bei Grabungen im oberägyptischen Hierakonpolis zu Tage kam. Eine Seite der Palette aus Schiefer zeigt den König mit der Krone Oberägyptens, wie er einen Gegner niederzwingt. Auf der anderen Seite erscheint Narmer mit der Krone Unterägyptens und inspiziert zwei Reihen gefesselter und enthaupteter Feinde. Ob die Szene als Indiz für einen historischen Sieg im Zusammenhang mit der Reichseinigung gewertet werden kann oder eher symbolhaft auf ein herausragendes Ereignis unter der bereits etablierten Regierung des Pharaos Bezug nimmt, ist in der Forschung nach wie vor umstritten.

Die Dauer der Frühzeit lässt sich nicht mehr exakt bestimmen. Im Allgemeinen setzt man für die 1. Dynastie ungefähr 200 Jahre an, die 2. Dynastie währte ca. 150 Jahre. Die erhaltenen Annalen erlauben jedoch die Rekonstruktion der Königsabfolge und geben in Kombination mit dem archäologischen Material einen Überblick über die Geburtsstunde der ägyptischen Hochkultur.

Die frühdynastische Zeit

Die Königsnekropole der 1. Dynastie war Abydos in Oberägypten, wo bereits gegen Ende des 19. Jh.s archäologische Grabungen stattfanden und ein erstes Streiflicht auf die Anfänge der historischen Zeit des pharaonischen Ägypten warfen. Auch in Sakkara wurden frühzeitliche Gräber freigelegt, die Aufschluss über Bestattungsbräuche, Jenseitsvorstellungen und soziale Strukturen gaben.

Die Grabkonstruktionen dieser Zeit waren vergleichsweise bescheiden; noch sollten Jahrhunderte vergehen, ehe die Pyramidenbauer ans Werk gehen würden. Die großen Mastabagräber („mastaba“ – arab. „Liegebank“) aus Sakkara sind außen mit einem Nischendekor versehen, das vielleicht auf Vorbilder früher Tempel- oder Palastarchitektur zurückgeht. Der überirdische Bau bestand aus aufgemauerten Nilschlammziegeln. Dieses Baumaterial kam auch in Abydos zum Einsatz, doch dort blieben nur die unterirdischen Grabteile erhalten. Sie zeigen ein System mehrerer Kammern, die von einer massiven Balkenkonstruktion abgedeckt waren.

Oben: Wandmalerei aus dem Grab des Menena; Neues Reich, 18. Dynastie. Ein Aufseher, gestützt auf seinen Stab, überwacht das Zusammenrechen von Ähren. Hinter ihm sitzen zwei Arbeiter unter einem Baum; einer vertreibt sich die Zeit mit Flötespielen, während der andere eingeschlafen ist. Die Landwirtschaft war seit prädynastischer Zeit das wichtigste ökonomische Standbein des Landes. Staatliche Vorratshaltung diente als Basis der Naturalwirtschaft und beugte Missernten vor.

Um das zentrale Königsgrab sind teils in mehreren Reihen kleinere Gräber ausgehoben worden, die vermutlich Personen aus dem unmittelbaren Umfeld des Herrschers vorbehalten blieben. Man hat vermutet, es könnte sich dabei um eine Art Menschenopfer gehandelt haben.

Der archäologische Befund stützt diese These insofern, als Bau und Verschluss der Nebengräber in einem Zug erfolgten. Sowohl in den Nebengräbern als auch im Königsgrab selbst wurden zahlreiche Beigaben deponiert, darunter Nahrungsmittel in großen Tongefäßen. Dass Nahrung dem Ernährungszyklus der Bevölkerung auf diese Weise entzogen werden konnte, deutet zwar zunächst auf eine Überproduktion und wirtschaftlichen Reichtum hin, doch gab man diese Form der Beigaben später auf. Im Alten Reich ersetzten farbige Reliefs mit Themen zur Lebensmittelherstellung und figürliche Dienerfiguren die übermäßige Beigabe von realen Nahrungsmitteln, um auf magische Weise die Versorgung und den gesellschaftlichen Status des Verstorbenen im Jenseits zu sichern.

Die reichen Grabbeigaben vor allem der Königsgräber scheinen schon bald zwielichtige Gestalten auf den Plan gerufen zu haben. Waren die Gräber zunächst massiv ohne Eingang gemauert und mit Lehmziegelaufbauten versehen, erlaubten später Treppenabgänge die Beisetzung in bereits fertig gestellten Grabanlagen – und damit auch einen leichteren Zugang ins Innere. Selbst immer ausgeklügeltere Verschlussmechanismen bis hin zu den gewaltigen Fallsteinen der späteren Pyramiden konnten Diebe nicht aufhalten, und so war Grabräuberei während der folgenden 3000 Jahre immer wieder ein Thema.

Die Trennung von Grab- und Kultbezirken, wie sie sich später auch bei den Pyramiden mit ihren vorgelagerten Totentempeln und den entfernteren Taltempeln findet, scheint bereits eine Entwicklung der frühdynastischen Zeit gewesen zu sein.

Die mit Namen versehenen Stelen der Königsgräber in Abydos lassen Rückschlüsse auf die Götterwelt jener Zeit zu, da sich auf ihnen Schriftzeichen in Falkenform fanden, die offenbar auf den König als Horus anspielen. Erst aus wesentlich späteren Epochen ist der Mythos von Osiris und Horus überliefert, bei dem Horus den Thron seines Vaters Osiris besteigt, nachdem dieser von Seth, dem Bruder des Osiris, getötet worden war. Isis hauchte Osiris zwar neues Leben ein, doch er verblieb nicht im Diesseits, sondern stieg zum Herrscher des Jenseits auf, während sein Sohn Horus im Diesseits als König regierte.

Das Königtum

Die großen Pharaonen Ägyptens verstanden sich als Verkörperung des Gottes Horus, des rechtmäßigen Thronerben; der verstorbene König wurde zu Osiris. Als solche genossen die Herrscher eigene kultische Verehrung, waren sie doch zugleich Mittler zwischen der Welt der Götter und der Welt der Menschen.

Eine der wichtigsten Aufgaben des Königs bestand darin, die Götter zufrieden zu stellen und damit die kosmische Ordnung aufrechtzuerhalten. Dies bedeutete die Abwehr sowohl chaotischer, die Ordnung bedrohender Mächte im Innern als auch die feindlicher Invasoren aus dem Ausland. Auf diese Weise entstand das Motiv des Feinde erschlagenden Königs oder das Bild des mächtigen Löwen, der unter den Feinden wütet, ein Symbol für den starken König.

Der Gott Seth als Repräsentant von Chaos und Unordnung, der Mörder seines eigenen Bruders, war zugleich der Gott der Stärke, der Wüste und der Fremdländer. Chaos verstand man als integralen Bestandteil der Schöpfung und notwendigen Gegenpol zur Ordnung.

Unten: Eine Seite der prädynastischen „Schlachtfeldpalette“ zeigt das symbolhafte Motiv des Königs in Gestalt eines Löwen, wie er einen Feind verschlingt – eine Chiffre für die Stärke des Königtums.

Die göttliche Qualität des Pharaos verschaffte dem Herrscher größten Respekt bei den Untertanen. Den König unbeabsichtigt zu berühren war verboten, da seine übermenschlichen Kräfte nicht verletzt werden durften, ja selbst in seinem Schatten zu stehen galt bereits als schlechtes Omen.

Die Bezeichnung „Pharao" leitet sich von dem ägyptischen „per-a'a", „Großes Haus", ab und spielt auf den Palast sowie die dort herrschende, umfangreiche Hofhaltung an. Die Bezeichnung des Königs als Pharao ist erst seit dem Neuen Reich belegt, dürfte aber auf ältere Gleichsetzungen des Wohnsitzes des Königs mit dem König selbst zurückgehen.

Oben: Detail einer Prunkpalette, gefunden in einem Votivgabendepot des Tempels von Hierakonpolis; spätprädynastische Zeit. Reale und mythische Welt bilden in der Darstellung eine Einheit. Antilope, Hyäne, Gnu, Steinbock und Giraffe erscheinen neben einem geflügelten Greif und einem Flöte spielenden Schakal-Mensch-Mischwesen.

Soziale Strukturen

Dem König an der Spitze der Gesellschaft standen seine Familie und Angehörige des Hofs am nächsten, gefolgt von hohen Priestern und Würdenträgern. Als Berater des Königs und höchster Beamte des Landes war der Wesir der zweitmächtigste Mann im Staat. Zeitweise teilten sich zwei Wesire das Amt, indem sich ihre Zuständigkeit auf eine der beiden Landeshälften beschränkte.

Die Position des Königs als Oberhaupt sowohl des religiösen wie auch des politischen Systems, einschließlich der Wirtschaft, der Rechtsprechung und des Heeres, brachte es mit sich, dass seine Aufgaben delegiert und straff organisiert werden mussten. So entstand im Lauf der Zeit eine immer größere Verwaltung mit einem ausgeklügelten Beamtenapparat. Dieser umfasste Priester, Schreiber und Handwerker, aber auch Künstler, zu denen vor allem die Spezialisten und Facharbeiter der Residenz zählten.

Deren Fähigkeiten überschritten das handwerklich Notwendige bei weitem; Unter ihren geschickten Händen entstanden Luxuswaren für das Diesseits und kostbare Grabbeigaben für das Jenseits. Fachwissen und praktische Qualifikation hoben das künstlerische Niveau in allen Bereichen auf ein neues Höchstmaß – sei es die Bearbeitung der unterschiedlichsten Gesteinsarten, die Metallverhüttung, die Keramikproduktion oder die Kosmetikherstellung.

Den quantitativ größten Anteil an der Bevölkerung hatten zu allen Zeiten die Landarbeiter. Sie bewirtschafteten die Felder im natürlichen Jahresrhythmus der Nilüberflutungen. Zur Zeit der Überschwemmung, wenn die Arbeit auf den Feldern ruhte, waren sie in anderen Bereichen tätig, beispielsweise auf staatlichen Baustellen oder in öffentlichen Dienstleistungen. Das von den Bauern bestellte Ackerland gehörte grundsätzlich dem König, wurde faktisch jedoch von dessen Beamten verwaltet, die lokalen Machthabern und später auch Tempeleinrichtungen angehörten. Die eigentliche Feldarbeit begann mit dem Rückgang der Überschwemmung. Der Boden wurde mit einfachen Pflügen aufgelockert und das Saatgut eingebracht. Hauptsächlich baute man Getreidearten wie Gerste und

Emmer an. Der Ernteertrag floss größtenteils in staatliche Magazine und diente als Zahlungsmittel wie auch zur Vorratshaltung. Für schlechte Zeiten vorzusorgen war sehr wichtig, da sowohl zu hohe als auch zu niedrige Überschwemmungen verheerende Auswirkungen auf die Ernte und damit die Versorgung der ganzen Bevölkerung haben konnten.

Zu allen Zeiten versuchten die unteren sozialen Schichten ihre Situation durch Selbstversorgung zusätzlich etwas zu verbessern; Obst und Gemüse aus eigenem Anbau oder selbst gefangener Fisch aus dem Nil boten sich zugleich als Tauschmittel an.

Am Ende der frühdynastischen Zeit hatte sich der ägyptische Staat in seinen Grundzügen entwickelt, und es standen enorme Ressourcen zur Verfügung. Mit der Gründung der 3. Dynastie begann um 2690 v. Chr. das Alte Reich und mit ihm das Zeitalter der geheimnisumwitterten großen Pyramiden. In den nun folgenden knapp 500 Jahren sollten die Menschen am Nil fantastische Leistungen erbringen, die bis heute Erstaunen und Bewunderung hervorrufen.

Rechts: Aus Hierakonpolis stammende Statue des Königs Chasechem; Ende 2. Dynastie, um 2650 v. Chr. Der König trägt anlässlich seines Regierungsjubiläums den Sedfest-Mantel. Die im Rahmen dieses Fests abgehaltenen Feierlichkeiten dienten der Regeneration der physischen Kräfte des Herrschers.

KAPITEL ZWEI

Die Zeit der Pyramiden um 2686–2181 v. Chr.

Mit dem Beginn der 3. Dynastie hatte sich in Ägypten eine komplexe Gesellschaftsordnung mit dem Pharao als weltlichem und religiösem Oberhaupt herausgebildet. Die jährlichen Nilüberschwemmungen bescherten dem Land ungeahnten Wohlstand, neue technologische Entwicklungen erlaubten die Realisierung gewaltiger Projekte zum Ruhm des Pharaos. Das Alte Reich – die erste Blütezeit der ägyptischen Hochkultur – nahm seinen Anfang.

Die Sorge um ein Weiterleben nach dem Tod war für die alten Ägypter allgegenwärtig, und die Bestattungsbräuche wurden im Lauf der Zeit zunehmend komplexer. Zwar fand die Form des bereits früher entwickelten Mastabagrabes für Beamte und Angehörige der Elite weiterhin Verwendung, die Grabanlagen der Könige jedoch sollten ein gänzlich neues und atemberaubendes Niveau erreichen. Planung und Ausführung nahmen jetzt Jahrzehnte in Anspruch, und die Arbeiterschaften umfassten zeitweilig mehrere zehntausend Mann, sodass tonnenschwere Steinblöcke zu Gebirgen aus Menschenhand aufgeschichtet werden konnten: Das Zeitalter der großen Pyramidenbauer hatte begonnen.

Als architektonische Konstruktion fand die Pyramide (das Wort stammt aus dem Griechischen und bezeichnet ein wohl ähnlich geformtes Gebäck aus geröstetem Weizen und Honig) bis zum Ende der ägyptischen Geschichte Verwendung. Die monumentalen Ausmaße dieser Anlagen blieben allerdings der Zeit des Alten Reichs vorbehalten. Spätere Pyramiden wurden kleiner und leichter gebaut, bevor man sie im Neuen Reich um 1550 v. Chr. als königliche Grabbauten zugunsten einer Bestattung im Tal der Könige aufgab. Bei dieser Entwicklung spielten möglicherweise Sicherheitsaspekte eine Rolle, denn selbst aufwändigste Schutzmaßnahmen im Innern der Pyramiden konnten eine Plünderung durch Grabräuber nicht verhindern. Darüber hinaus stellte ein in die Felsen getriebener Stollen auf dem thebanischen Ostufer unter wirtschaftlichen Gesichtspunkten sicher die ökonomischere Alternative dar. Bis zum Ende des Pyramidenzeitalters sollten jedoch noch über 1000 Jahre vergehen. Am Beginn der 3. Dynastie setzte erst einmal eine Entwicklung ein, die im Bau der gigantischsten Denkmäler der Antike gipfelte.

Die ersten Pyramiden

Über Nebka, den Begründer der 3. Dynastie, ist nur wenig bekannt. Zu den wesentlich bedeutenderen Königen dieser Zeit gehörte sein Nachfolger Djoser. Dieser Herrscher führte im Bereich des Grabbaus – sowohl was die bauliche Ausführung als auch den Symbolgehalt des Königsgrabes anging – bahnbrechende Neuerungen ein. Ausgehend vom Mastabagrab, wurden nun Erweiterungen vorgenommen, indem man zusätzliche, sich nach oben hin verjüngende Stufen konstruierte.

Das Grabmal des Djoser ragte schließlich auf einer Grundfläche von mehr als 13000 m^2 über sechs Stufenebenen 62 m in die Höhe. Damit symbolisierte es zugleich die Vorstellung von einer steinernen Himmelsleiter, mit deren Hilfe der König zum Firmament aufsteigen konnte, um seinen Platz unter den Göttern einzunehmen. Djosers Stufenpyramide war um 2650 v. Chr. das größte von Menschenhand errichtete Bauwerk und bestand als erstes gänzlich aus Stein.

Gegenüber: Die Pyramiden von Giza, eines der sieben Weltwunder der Antike

Oben: Detail eines hölzernen Paneels aus der Mastaba des Hesire, eines hohen Beamten unter König Djoser. Sein Grab lag in unmittelbarer Nähe zur Stufenpyramide des Herrschers, ein Privileg, das traditionellerweise nur Angehörigen des Königshauses und höchsten Würdenträgern zuteil wurde.

Viele Details des architektonischen Dekors imitierten die früher in erster Linie verwendeten, vergänglichen Werkstoffe wie Lehmziegel oder Schilf. Damit knüpfte man einerseits an die Traditionen der Vorfahren an und setzte andererseits deren Erbe im dauerhafteren Werkstoff Stein um - einem Material, das gänzlich neue Größendimensionen ermöglichte und so auch das Selbstverständnis des Königtums zum Ausdruck brachte. Tatsächlich stellte der Bau der Pyramiden eine technische und logistische Meisterleistung dar, wie sie ohne ein zentral gelenktes Staatswesen mit straff organisierter Arbeiterschaft kaum zu erbringen gewesen wäre.

Als Baumeister der ersten Pyramide ging der Wesir und Universalgelehrte Imhotep in die Geschichte ein. Aufgrund seines genialen Schaffens gelangte er in späteren Zeiten zu göttlicher Verehrung - ein Privileg, das Privatpersonen äußerst selten zuteil wurde.

Bei der Suche nach einem Bauplatz war die Wahl auf Sakkara gefallen, den Nekropolenbezirk der Hauptstadt Memphis, der bis in die Spätzeit als Begräbnisstätte hoher Würdenträger diente. Zu Djosers Pyramidenanlage gehörten Höfe und Gebäudekomplexe, die eine hohe Umfassungsmauer umgab. Neben Zeremonialgebäuden, die dem Kult des verstorbenen Herrschers dienten, gab es andere Bauten, die urbane Architektur imitierten. So entstand in Sakkara eine Modellresidenz als Sitz des verstorbenen Königs in der Unterwelt. In diesem Kontext steht auch ein kleiner Hof, um den sich steinerne Hebsedkapellen gruppieren. Das Hebsedfest wurde in der Regel anlässlich des 30-jährigen Regierungsjubiläums eines Königs abgehalten und diente der Erneuerung seiner Lebenskraft. In den Grabkomplex integriert, gewährleisteten die Bauten auf diese Weise die ewige Verjüngung des jenseitigen Herrschers.

An der Nordseite der Pyramide lag der Totentempel, und dort befand sich auch der Eingang zu einem ausgedehnten unterirdischen Labyrinth aus Gängen und Kammern. In späterer Zeit wurden die Totentempel an der Ostseite der Pyramiden errichtet, von wo aus sie über den Aufweg direkt mit einem Taltempel am Nil verbunden waren. Dieses Konzept nahm Bezug auf den Lauf der Sonne und band die königliche Grabanlage in das kosmische Geschehen ein.

Die 4. Dynastie

Der Begründer der 4. Dynastie war Snofru, der als erster Pharao die Form der echten Pyramide mit glatten, geböschten Außenseiten realisierte. Über seine Herkunft bzw. eventuelle familiäre Beziehungen zum letzten König der 3. Dynastie, Huni, herrscht Unklarheit. Snofru verlegte die Residenz von Memphis zunächst weiter in Richtung Süden nach Meidum. Dort begann er auch mit dem Bau seines Königsgrabes, das ursprünglich noch als Stufenpyramide geplant war. Im Lauf der Zeit änderten sich die Pläne mehrfach, und es entstand wohl erst nach Abschluss der Bauarbeiten die Idee, durch das Auffüllen der Stufen die äußere Form einer echten Pyramide mit glatten Seitenwänden zu schaffen. Das Konzept der steinernen Himmelsleiter für den toten König wurde offenbar stärker abstrahiert und trat zugunsten der neu gewonnenen, klaren äußeren Strukturen etwas zurück.

Die Überreste der Pyramide von Meidum bieten heute einen bizarren Anblick. Noch erhalten ist das Kernmauerwerk mit drei Stufen, das aus einem riesigen Haufen aus Schutt und Steinen aufragt. Stabilitätsmängel und späterer Steinraub hatten wohl zum Abrutschen der äußeren Verkleidung geführt. Der Umstand, dass zwei Stelen eines kleinen Tempels an der Ostseite der Pyramide unbeschriftet blieben, lässt vermuten, dass die gesamte Anlage als königliche Begräbnisstätte schon früh aufgegeben wurde. Wohl in seinem 15. Regierungsjahr verlegte Snofru die Residenz wieder zurück nach Norden und ordnete den Bau einer neuen Pyramide in

Dahschur an. Diese so genannte Knickpyramide verdankt ihren Namen dem eigenwilligen Erscheinungsbild: So steigen die Außenseiten zunächst steil an, bevor deren Neigungswinkel etwa auf halber Höhe bis zur Spitze hin deutlich abnimmt. Grund für diese bauliche Maßnahme waren Risse und Sprünge im Mauerwerk, die eine Verringerung der Steinmasse im oberen Bereich der Pyramide erzwangen. Aufgrund dieser Problematik begann man mit der Anlage einer weiteren Pyramide in Dahschur, die wegen der dunklen Färbung der Steine heute als „Rote Pyramide" bezeichnet wird. Mit einem optimalen Böschungswinkel von 45° technisch ausgereift, war sie die erste echte Pyramide und zugleich die letzte Ruhestätte Snofrus.

Sowohl die Pyramide von Meidum als auch die zwei Pyramiden in Dahschur weisen eine weitere richtungsweisende Neuerung auf: Die Grabkammern liegen jeweils im Innern der Bauten statt tief in den Felsen geschlagen darunter. Dieser Wandel im Verständnis des Grabraums erforderte die Konstruktion von Kraggewölben, denn nur so konnten die Decken der Innenräume dem enormen Druck der Steinmassen standhalten.

Bereits dem Sohn und Nachfolger Snofrus, Cheops, gelang in Giza der Bau der größten Pyramide Ägyptens – dem einzigen bis auf den heutigen Tag erhaltenen Weltwunder der Antike. Unmittelbar daneben liegen die Pyramiden von Chephren und Mykerinos, zwei weiteren Königen der 4. Dynastie. Jede der drei Anlagen folgte dem gleichen Schema. Kleinere Pyramiden der königlichen Gemahlinnen sowie Mastabas von Angehörigen der Königsfamilie und höchsten Beamten umgaben die gewaltige Königspyramide. Von einem Totentempel im Norden führte ein Aufweg zum Taltempel, der durch einen Kanal mit dem Nil verbunden war.

Der Erhalt des Körpers

Leichnam des Cheops und Grabausstattung waren bereits in der Antike Plünderungen zum Opfer gefallen, doch 1925 entdeckte man an der Ostseite der großen Pyramide das nahezu intakte Schachtgrab seiner Mutter Hetepheres. Der Sarkophag der Königin war zwar leer, doch ein Kanopenkasten aus Alabaster enthielt Reste ihrer Eingeweide. Im Lauf der 4. Dynastie war zunehmend mit neuen Techniken der Mumifizierung experimentiert worden, zu denen auch die Entnahme der inneren Organe gehörte. Hatte zuvor der trockene Wüstensand eine Leiche binnen kürzester Zeit konserviert, führte nun die Bestattung in hermetisch abgeschlossenen Särgen und Kammern dazu, dass der Verstorbene langsam von innen heraus verweste. Da aber für ein Weiterleben im Jenseits

Unten: Wandmalerei aus der Mastaba des Prinzen Nefermaat aus Meidum; Anfang 4. Dynastie. Die in Temperatechnik ausgeführte Malerei zeugt von der absoluten Meisterschaft des Künstlers.

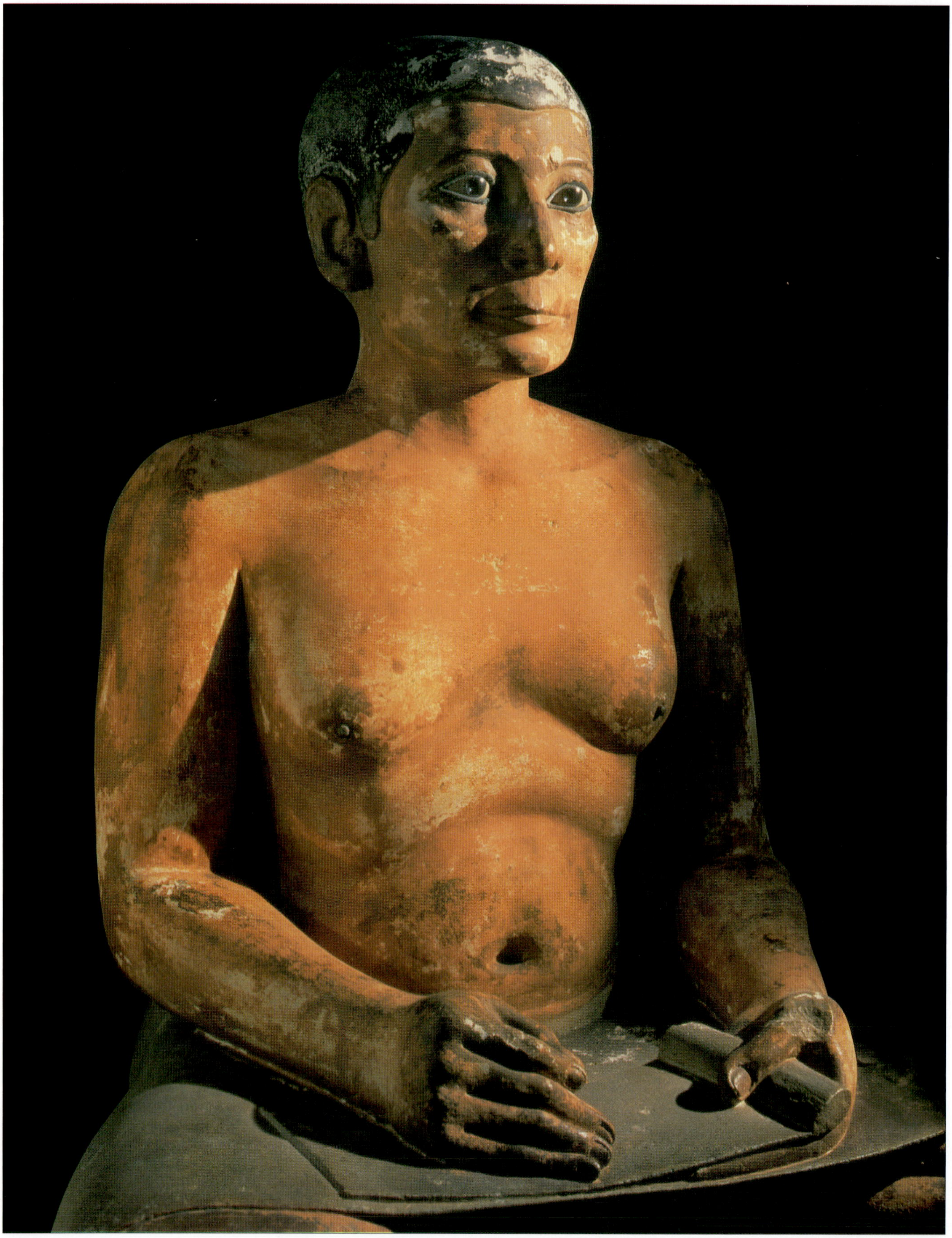

der Erhalt des Körpers im Diesseits von größter Bedeutung war, versuchte man, diesen Prozess durch Entnahme der Eingeweide und künstliche Austrocknung mittels Natronsalz zu stoppen. Eine dauerhafte Konservierung des Körpergewebes gelang im Alten Reich jedoch noch nicht, und so bildete man die äußere Form des Leichnams mit Leinenbinden nach und modellierte teils sogar Genitalien, Brüste, Augen, Mund und Nase aus Stoff. Erst im Mittleren Reich wurde damit begonnen, bei der Mumifizierung auch das Gehirn zu entfernen. Während Leber, Lunge, Magen und Darm separat balsamiert und in Kanopengefäßen zusammen mit der Mumie bestattet wurden, schenkte man dem durch Nase oder Hinterkopf entfernten Gehirn keine Beachtung. Als Sitz von Verstand und Gefühl galt den Ägyptern das Herz, das im Körper verbleiben musste, um im Jenseitsgericht vor Osiris Auskunft über die Lebensführung des Verstorbenen zu geben. Alternativ platzierte man an der Stelle des Herzens einen Skarabäus, der auf magische Weise für einen günstigen Ausgang des Gerichts sorgen sollte: Wog das Herz nämlich schwerer als die Feder der Wahrheit und Gerechtigkeit, wurde die Seele von einem Furcht erregenden Dämon, der Totenfresserin, verschlungen.

Der Sphinx

Djedefre, Sohn und Nachfolger des Cheops, begann mit dem Bau seiner Pyramide in Abu Roasch, einige Kilometer nördlich von Giza. Aufgrund der nur achtjährigen Regierungszeit des Herrschers blieb die Anlage jedoch unvollendet. Um 2558 v. Chr folgte Chephren seinem Halbbruder Djedefre auf den Thron, kehrte nach Giza zurück und ließ seine Pyramide diagonal in unmittelbarer Nähe zur großen Pyramide seines Vaters errichten. Neben dem Taltempel Chephrens angesiedelt, erhebt sich auf dem Gizaplateau der große Sphinx und richtet seinen Blick nach Osten, der aufgehenden Sonne entgegen. Die Gesichtszüge des Mischwesens aus Löwenkörper und Menschenkopf gelten gemeinhin als die Chephrens, doch jüngere Forschungen machen eine Zuweisung an Cheops wahrscheinlich. War die kolossale Figur zur Zeit ihrer Entstehung ein Abbild des Gottkönigs, so identifizierte man sie im Neuen Reich mit dem Sonnengott.

Eine Stele zwischen den Vorderpranken des Sphinx berichtet von Thutmosis: Dem Prinzen sei im Traum der Sphinx erschienen und habe ihm für den Fall, dass er ihn vom Sand befreien würde, die Königswürde versprochen. Thutmosis führte den Wunsch aus und bestieg später als Thutmosis IV. den ägyptischen Thron.

Gegenüber: Schreiberfigur; 4. Dynastie. Schreiber gehörten im alten Ägypten zur Elite der Gesellschaft. Sie waren keine einfachen Bürokräfte, sondern hoch ausgebildete Spezialisten für die unterschiedlichsten Einsatzbereiche der staatlichen Verwaltung.

Giza

Die kleinste Pyramide auf dem Plateau von Giza ist die des Mykerinos. Ihre deutlich geringeren Ausmaße waren vermutlich eine Folge der bereits jahrzehntelangen Nutzung aller Ressourcen des Landes durch die Vorgänger dieses Herrschers. Die Verkleidung, von der sich nur geringe Reste erhalten haben, bestand im unteren Bereich aus rotem Granit, im oberen aus hellem Kalkstein – eine Kombination, die wohl nicht zufällig an die Farben der Landeskronen erinnerte. Mykerinos' Nachfolger Schepseskaf vollendete die unfertige Anlage teilweise in flüchtiger Nilschlammziegel-Bauweise. Für sein Grabmal griff er auf die altehrwürdige Form der Mastaba zurück. Auch wenn Schepseskaf sie in großem Maßstab umsetzte, wirkte die Anlage im Vergleich zu den gewaltigen Pyramiden doch eher bescheiden.

Die 5. Dynastie

Die genauen Umstände des Wechsels von der 4. zur 5. Dynastie liegen im Dunkeln, doch der Witwe des Königs Chentkau scheint in diesem Zusammenhang eine bedeutende Rolle zugekommen zu sein. Sie trug den singulären Titel „Mutter zweier Könige von Ober- und Unterägypten". Der Begründer der 5. Dynastie war Userkaf. Er ließ sein Pyramidengrab in Sakkara anlegen und veranlasste parallel dazu den Bau einer Sonnenkultstätte in Abusir. Dorthin wurde unter seinen Nachfolgern auch die königliche Nekropole verlegt. Die Herrscherpyramiden der 5. Dynastie waren entschieden kleiner als die Bauten der vorangegangenen Dynastie, doch mit der Anlage weiterer Sonnenheiligtümer in Abusir gab es zwei königliche Großbaustellen.

Der Kult um den Sonnengott Re erreichte unter den Pharaonen dieser Zeit seinen Höhepunkt, Heliopolis als Urhügelstätte der kosmischen Schöpfergottheiten Re und Atum stieg zum bedeutendsten religiösen Zentrum des Landes auf. Der Titel „Sohn des Re" war zum kanonischen Bestandteil der Königstitulatur geworden, und die Pharaonen rühmten sich fortan der direkten Abstammung vom Sonnengott.

König Unas

Am Ende der 5. Dynastie steht König Unas. Die unter seiner Herrschaft in Sakkara in unmittelbarer Nähe zur Anlage Djosers erbaute kleine Pyramide ist heute ihrer Verkleidung beraubt und gleicht in ihrem Äußern einem Schutthügel. In ihrem Innern birgt sie eine der ältesten religiösen Textsammlungen der Menschheit: Die in Form feiner Hieroglyphen an die Wände des Vorraums und der Sargkammer geschriebenen und von den Ägyptologen als Pyramidentexte bezeichneten Sprüche beschäftigen sich mit der Existenz im Jenseits und sollten dem verstorbenen König bei seinem Himmelsaufstieg behilflich sein. Auch die Könige der 6. Dynastie nutzten die wirkmächtigen Sprüche zur Innendekoration ihrer Pyramiden.

Ebenso wie das Äußere der Unaspyramide ist auch der Aufweg zum Taltempel stark zerstört, doch kleinere Wandabschnitte haben sich erhalten. Das Reliefdekor zeigt verschiedene Szenen königlicher Bauvorhaben, darunter den Transport von Säulen auf Nilbarken, sowie Naturdarstellungen.

Das Ende des Alten Reichs

Über die Umstände des Wechsels von der 5. zur 6. Dynastie, die den Niedergang des Alten Reichs einläutet, weiß man wenig. Teti, der erste König dieser Dynastie, heiratete eine Tochter des Unas, der offenbar keinen männlichen Thronerben gezeugt hatte. Die immer häufigere Erblichkeit der Staats- und Priesterämter scheint innere Spannungen hervorgerufen zu haben. So behauptete der Geschichtsschreiber Manetho knapp 2000 Jahre später sogar, Teti sei ermordet worden. Tatsächlich gelangte vor dessen Sohn, dem späteren Pepi I., ein König namens Userkare auf den Thron – ein Umstand, der von einigen Forschern als Putschversuch gewertet wird.

Die Regierung Pepis I. war von Unruhen geprägt. Ein Prozess gegen seine erste Gemahlin, die der Verschwörung angeklagt wurde, ist historisch bezeugt. In dessen Folge heiratete Pepi nacheinander zwei Töchter eines oberägyptischen Fürsten, wohl eine Maßnahme zur Sicherung der politischen Stabilität. Aus dieser Verbindung gingen die späteren Könige Merenre und Pepi II. hervor. Trotz diverser Turbulenzen fanden in dieser Zeit Expeditionen bis nach Byblos und Punt statt.

Nach dem frühen Tod seines Halbbruders bestieg Pepi II. noch im Kindesalter den Pharaonenthron; seine Regierungszeit von angeblich 94 Jahren dürfte die längste der ägyptischen Geschichte gewesen sein. In den späten Regierungsjahren des Königs häufen sich Steuerausfälle und Übergriffe von Beduinen.

Nach dem Tod Pepis II. soll eine Königin namens Nitokris als letzte Herrscherin des Alten Reichs auf den Thron gelangt sein, deren Existenz bislang jedoch durch kein zeitgenössisches Denkmal belegt werden kann.

Das Zusammenwirken verschiedener negativer Faktoren – hierzu zählten wirtschaftliche Probleme, Staatsbürokratie und ausbleibende Nilüberschwemmungen – führte wohl um 2190 v. Chr. schließlich zum endgültigen Zusammenbruch des Alten Reichs.

Links: Statue des Djoser aus seinem Grabbezirk in Sakkara; 3. Dynastie, um 2650 v. Chr. Das lebensgroße Bildnis zeigt den Herrscher im Sedfest-Mantel mit einer mächtigen Perücke, über der das Königskopftuch liegt, sowie mit einem breiten Zeremonialbart. Die Augen waren einst aus einem anderen Material eingelegt. Die Statue stand verborgen in einer kleineren Steinkammer an der Nordostecke der Stufenpyramide. Durch zwei Mauerlöcher in Augenhöhe konnte die magisch belebte Figur auf das Kultgeschehen vor der Kammer und zu den unvergänglichen Sternen des Nordhimmels blicken, dem Ort des Jenseits.

Vorherige Seite: Stufenpyramide des Djoser in Sakkara; 3. Dynastie. Das monumentale Königsgrab in Form einer sechsstufigen Pyramide umgeben steinerne Kapellen, Kultbauten und Festhöfe. Die gesamte Anlage zielte auf die jenseitige Existenz des Königs als Mittler zwischen der diesseitigen Welt und den Göttern. Der dauerhafte Werkstoff Stein machte den Grabbezirk darüber hinaus zu einer Modellresidenz des verstorbenen Königs im Jenseits. Aus der ursprünglich geplanten Mastaba im Zentrum der Anlage entwickelte sich in mehreren Bauphasen die äußere Form der Stufenpyramide. Sie gilt als das Werk des genialen Imhotep, Wesir und Bauleiter unter Djoser, und war zu ihrer Zeit das größte von Menschenhand geschaffene Bauwerk der Welt.

Oben: Pastenrelief aus der Doppelmastaba des Nefermaat und der Atet in Meidum; Anfang 4. Dynastie. Um den Reliefs eine besonders intensive Färbung zu geben, experimentierte man mit mineralischen Pasten, doch die Technik wurde schnell verworfen, da die getrocknete Paste aus den Reliefs herausbröckelte.

Rechts: Bemalte Kalksteinstatuen des Prinzen Rahotep und seiner Gemahlin Nofret aus deren Mastaba in Meidum; Anfang 4. Dynastie. Bei der Entdeckung der Statuen durch den französischen Ägyptologen Auguste Mariette im Jahr 1871 sollen die Arbeiter erschrocken die Flucht ergriffen haben – so lebensecht wirken die Gesichter des Paars mit den eingelegten Augen und der noch heute erhaltenen Bemalung. Rahotep, wohl ein Sohn König Snofrus, besitzt eine dunkle Hautfarbe, während man seine Gemahlin Nofret hell bemalte. Eine vornehme Blässe bleibt für die gesamte pharaonische Epoche ein weibliches Schönheitsideal. Die thronende Haltung entspricht dem hohen Rang des Paars, das zeitlose Eleganz und Würde austrahlt.

Rechts: Pyramide von Meidum; Anfang 4. Dynastie, um 2625 v. Chr. Die Überreste dieser 100 km südlich von Kairo gelegenen Pyramide bieten heute einen bizarren Anblick. Pharao Snofru ließ dort zunächst eine siebenstufige Mastaba errichten, die er später auf acht Stufen erhöhte, bevor in einer dritten Bauphase durch massive Verkleidungsblöcke alle Seiten zu einer glatten Pyramide umgeformt wurden. Stabilitätsmängel und späterer Steinraub führten wahrscheinlich zum Abrutschen der äußeren Verkleidung, weshalb heute die Stufen des ursprünglichen Baus wieder sichtbar sind. Snofru gab die Pyramide schließlich auf. Als endgültige Grabstätte diente ihm die Rote Pyramide in Dahschur.

Links: Das vergoldete Sitzmöbel gehört zur Grabausstattung der Königin Hetepheres, Mutter des Cheops. Es wurde 1925 in einem Schachtgrab nahe der großen Pyramide ihres Sohns in Giza entdeckt. Da alle während des Alten Reichs angelegten königlichen Pyramidengräber Grabräubern zum Opfer fielen, kommt dem Fund der Grabausstattung einer Königinmutter aus dieser Zeit besondere Bedeutung zu.

Unten: Grabkapelle der Mastaba des Merire-nefer, genannt Qar. Er versah während der 6. Dynastie die Ämter eines „Vorstehers der Pyramidenstädte des Cheops und des Mykerinos" und eines „Aufsehers der Wab-Priester des Chephren". Da Qar im Rahmen des Totenkults von Königen der 4. Dynastie ein Priesteramt innehatte, legte er sein Grab in Giza, nahe der Pyramiden dieser Könige, an. Die Statuen der Grabkapelle sind direkt aus dem anstehenden Felsen geschlagen worden.

Links: Im Jahr 1954 entdeckte man in einer Bootsgrube an der Südseite der Cheopspyramide ein zerlegtes Schiff aus Zedernholz. Es hatte die Jahrtausende nahezu unbeschadet überstanden und konnte in 1224 Einzelteilen geborgen werden. Rekonstruktion und Zusammenbau des 43 m langen und knapp 6 m breiten Schiffs nahmen über 20 Jahre in Anspruch. Heutzutage kann der Besucher die majestätische Barke in einem eigens dafür errichteten Museum direkt über dem Fundort neben der Cheopspyramide besichtigen. Boote spielten im Jenseitsglauben der alten Ägypter eine bedeutende Rolle. Als Grabbeigabe sollten sie dem Verstorbenen erlauben, sich außerhalb des Grabs zu bewegen und zu den großen Götterfesten zu reisen. Der König wollte darüber hinaus mit seiner Barke an der ewigen Fahrt des Sonnengottes Re über den Himmel und durch die Unterwelt teilhaben.

Links: Die Pyramiden von Giza – das einzige erhaltene der ehemals sieben Weltwunder der Antike. Giza war die bedeutendste Königsnekropole der 4. Dynastie. Dort erreichte der Pyramidenbau mit den gewaltigen Grabmonumenten der Pharaonen Cheops, Chephren und Mykerinos einen absoluten Höhepunkt. Die Pyramide des Chephren (Mitte) wirkt größer als diejenige seines Vaters Cheops (rechts), da sie auf einem etwas höher gelegenen Plateau errichtet wurde. Tatsächlich jedoch ist sie um 3 m Meter niedriger und besitzt aufgrund des steileren Neigungswinkels der Seiten weniger Masse. An ihrer Spitze haben sich Reste der ursprünglichen Verkleidung aus feinem Turakalkstein erhalten, die unteren Verkleidungsblöcke fielen im Mittelalter dem Steinraub zum Opfer.

Das Problem des Pyramidenbaus

Leider hinterließen die alten Ägypter keine Aufzeichnungen darüber, wie sie die Pyramiden errichtet haben, und so machen bis heute zahllose, teils abenteuerliche Spekulationen die Runde, ohne dass sich das Rätsel um den Pyramidenbau zufrieden stellend hätte lösen lassen.

Zur Vermaßung des Bauplatzes benutzte man vermutlich gespannte Stricke, zur Nivellierung des Untergrundes dreieckige Setzwaagen mit Lot. Ein Hauptproblem stellten Anlandung und Transport der massigen Steinquader dar, die bis zu 15 Tonnen wogen. Zumeist wird dabei von der Verwendung von Rollen oder Schlammbahnen ausgegangen, doch taucht in diesem Zusammenhang das Problem großen Reibungswiderstandes sowie das der Wasserversorgung auf. Wahrscheinlicher sind daher Steinschlitten, die man über eine befestigte, mit Öl oder Fett gleitfähig gehaltene Bahn zog. Rechte Winkel konnten durch einfache Winkeldreiecke aus Holz oder in größerem Maßstab durch ein System von Kreisschnittpunkten bestimmt werden. Astronomische Kenntnisse ermöglichten eine exakte Ausrichtung der Pyramide nach den vier Himmelsrichtungen. So nahm die Nord-Süd-Achse Bezug auf den Nil, die Ost-West-Achse auf den Lauf der Sonne am Firmament.

Wie die gewaltigen Steinblöcke letztlich in Position gebracht wurden, gehört zu den größten Geheimnissen der Pyramidenbauer. Allgemein akzeptiert ist die Annahme, dass man Rampen zur Verlegung der unteren Steinlagen verwendete. Für die oberen Bereiche ging die Forschung u. a. vom Einsatz kleinerer, umlaufender Rampen aus. Als durchaus plausibel erscheint auch der Gedanke an einen Kernstufenbau. Neue Erkenntnisse lieferten jüngste Grabungen in Giza, in deren Verlauf man Arbeiterfriedhöfe entdeckte. Dort gefundenen Inschriften zufolge waren die Arbeitertrupps den verschiedenen Seiten der Pyramide zugeordnet, und es muss folglich mindestens vier große Baustellenabschnitte gegeben haben, auf denen die Mannschaften koordiniert wurden.

Oben: Gesichtsfragment einer Statue des Chephren; 4. Dynastie. Chephren, Erbauer der zweiten Pyramide in Giza, bestieg den Thron nach dem Tod seines Halbbruders Djedefre. Zuvor hatte dieser die königliche Titulatur um den Zusatz „Sohn des Re" erweitert, eine Neuerung, die Chephren beibehielt und die später zum festen Bestandteil der königlichen Titulatur wurde.

Gegenüber: Opferplatte der Prinzessin Neferet-iabtet; 4. Dynastie. Die Königstochter sitzt vor einem Tisch, auf dem mehrere Opferbrote stehen. Sie ist in ein eng anliegendes Trägerkleid mit Leopardenfellmusterung gehüllt. Die Hieroglyphen vor ihr sind Teile einer längeren Opferliste, die verschiedene Speisen und Getränke zur ewigen Versorgung im Jenseits aufzählt.

Der Große Sphinx

Östlich der Pyramiden am Rande des Gizaplateaus liegt neben dem Taltempel Pharao Chephrens die monumentale Gestalt des Großen Sphinx. Die aus dem anstehenden Felsen geschlagene Figur mit einer Länge von 73,5 m und einer Höhe von 20 m zeigt nach dem heutigen Stand der Forschung vermutlich die Gesichtszüge des Cheops, des Erbauers der Großen Pyramide.

Sphingen galten gemeinhin als machtgeladene Erscheinungsformen von Königen, seltener als die von Königinnen oder Göttern. Der ägyptische Sphinx hat daher mit der weiblichen geflügelten Sphinx der griechischen Sage, die ihr Opfer brutal verschlingt, wenn es ihre Rätselfrage nicht beantworten kann, nur den Namen gemein.

Neben der bekannten Darstellungsweise mit Menschenkopf und Löwenkörper traten in Ägypten auch Sphingen mit Widder- oder Falkenkopf auf.

Im Neuen Reich hatte der Große Sphinx von Giza die Qualität einer eigenen Gottheit erlangt und genoss als Harmachis, „Horus im Horizont", kultische Verehrung.

Oben: Statuengruppe des Seneb und seiner Familie. Zwergenwuchs galt im alten Ägypten als Besonderheit, und häufig bekleideten Kleinwüchsige hohe Positionen. Seneb war der Vorsteher aller Zwerge des Palasts und als solcher für die königlichen Kleider zuständig. Daneben versah er ein Priesteramt im Totenkult der Könige Cheops und Djedefre. Der Künstler verband die Figur des Seneb geschickt mit seiner Frau Senetitis und den zwei Kindern, die an der Stelle stehen, an der sich die Beine des Seneb befinden müssten.

Oben: Die lebensgroße Holzstatue vom Anfang der 5. Dynastie zeigt den Vorlesepriester Kaaper und gehört zu den wohl berühmtesten Privatplastiken des alten Ägypten. Um die Mitte des 19. Jh.s wurde sie von dem französischen Ägyptologen Auguste Mariette bei Ausgrabungen in Sakkara entdeckt. Das Aussehen des beleibten Kaaper erinnerte die Arbeiter Mariettes so sehr an ihren Bürgermeister, dass sie der Statue den Namen „Scheich el-Beled" (arab. Dorfschulze) gaben.

Gegenüber: Eine von mehreren Triaden des Mykerinos, die 1908 bei Ausgrabungen im Pyramidenbezirk des Herrschers entdeckt wurden. Die Gruppe zeigt in der Mitte den athletischen König mit der Krone Oberägyptens, zu seiner Rechten die Göttin Hathor, Tochter des Sonnengottes Re und himmlische Mutter des Königs, und zu seiner Linken die Personifikation des siebten oberägyptischen Gaus. Bereits seit der 3. Dynastie lässt sich die Einteilung der beiden Landeshälften in 42 Verwaltungsbezirke, die so genannten Gaue, nachweisen; Oberägypten bestand aus 22 Gauen, Unterägypten aus 20. Zwar wechselten Grenzen und Hauptstädte, doch hatte das System bis in griechisch-römische Zeit Bestand.

Rechts: Detail der Scheintür des Nikaure; 5. Dynastie. Es zeigt zwei Frauen beim Musizieren; die eine spielt auf einer Harfe, die andere lauscht ihr oder begleitet sie mit Gesang. Musik war elementarer Bestandteil der ägyptischen Kultur. Es gab verschiedene Schlag-, Blas- und Saiteninstrumente für die diversesten Einsatzbereiche, seien es Tempelkult, Militär, Festprozessionen oder private Feierlichkeiten.

Gegenüber: Relief des Beamten Ra-wer aus Kalzitalabaster. Das Werk stammt aus dem Grab des Ra-wer in Giza und entstand im Verlauf der 5. Dynastie.

Unten: Das Grabrelief aus dem Alten Reich zeigt drei Männer in einem einfachen Papyrusnachen, wie er während der gesamten pharaonischen Geschichte verwendet wurde. Die Männer kehren in der Darstellung gerade aus dem wuchernden Uferdickicht des Flusses zurück und haben ihre Beute bereits an Bord; vor dem knienden Ruderer steht ein Käfig mit gefangenen Vögeln, darauf liegt ein Bund Lotusblüten.

Oben und gegenüberliegende Seite oben: Wandmalereien aus dem Grab des Nefer-her-en-Ptah in Sakkara; 5. Dynastie. Ein Arbeiter sammelt Vögel in einen Käfig, ein anderer sticht Gartensalat (Lattich).

Gegenüberliegende Seite unten: Relief aus der Mastaba des Ptah-hotep; 5. Dynastie. Während zwei Arbeiter damit beschäftigt sind, Vögel in einen Käfig zu sammeln, eilt ein dritter mit bereits gefüllten Vogelkäfigen herbei. Szenen des Landlebens gehörten zum Standardrepertoire von Privatgräbern des Alten Reichs. Im Vordergrund stand dabei der Wunsch nach ewiger Versorgung im Jenseits, aber auch nach dauerhafter Sicherung des hohen sozialen Status des Grabherrn. Ptah-hotep bekleidete als Wesir das höchste Staatsamt. Ihm unterstanden alle Verwaltungs- und Militärstellen des Landes, und er berichtete direkt an den Pharao. Der Wesir hatte auch die höchste richterliche Macht inne und war mit Organisation und Abwicklung staatlicher Bauvorhaben betraut. Spätestens seit der 18. Dynastie waren zwei Wesire getrennt für die beiden Landeshälften zuständig.

Rechts: Pyramide und Totentempel des Neferirkare in Abusir, der neuen Königsnekropole der 5. Dynastie. Pharao Neferirkare, der etwa um 2475–2455 v. Chr. regierte, ließ seine Grabstätte etwas südlich von der seines Vorgängers König Sahure errichten. Ursprünglich größer als diese geplant, blieb sie letztlich jedoch unvollendet. Lediglich der Totentempel an der Ostseite der Pyramide war zum Begräbnis des Herrschers weit gehend fertig gestellt. In den Archiven der angrenzenden Tempelverwaltung konnten zahlreiche Papyri geborgen werden, die seltene Informationen über den Betrieb des Totentempels, die Opferlieferungen und die Einkünfte der Priesterschaft geben. Neferirkares Sohn Niuserre baute seine eigene Pyramide unmittelbar neben die Anlage des Vaters.

Oben: Dieser Kopf einer Statue aus Grauwacke wurde 1957 bei Ausgrabungen im Sonnenheiligtum des Userkaf in Abusir entdeckt. Der König trägt die Rote Krone Unterägyptens, aber keinen Zeremonialbart. Die Pyramide Userkafs liegt in Sakkara, doch ließ sich der Begründer der 5. Dynastie darüber hinaus ein Sonnenheiligtum in Abusir errichten. Sechs Sonnenheiligtümer sind aus Inschriften bekannt, doch nur zwei das des Userkaf und das des Niuserre – konnten bislang lokalisiert werden.

Gegenüber: Statuette eines Korbträgers. Die bemalte Figur aus Holz gehört zu den absoluten Meisterwerken im Bereich der Dienerfiguren. Sie stammt aus dem Grab des Nianch-Pepi, genannt Hepi, der als „Vorsteher von Oberägypten" am Ende der 6. Dynastie unter Pharao Pepi II. in Meir bestattet wurde.

Links: Statuette des Merire-ha-ischetef aus seinem Grab in Sedment; Mitte 6. Dynastie. Sie wurde zusammen mit zwei weiteren Figuren 1920 im Schacht der Grabanlage von einem Team unter der Leitung des britischen Ägyptologen Sir Flinders Petrie geborgen. Die Figuren aus Holz zeigen den Grabherrn in verschiedenen Altersstufen; so zeigt ihn eine als Jugendlichen (hier links), eine als Würdenträger mit Stab und Zepter und die dritte als älteren Mann. Der Brauch, den Verstorbenen nackt in verschiedenen Altersstufen darzustellen, ist typisch für das späte Alte Reich.

Gegenüberliegende Seite oben: Relief aus der Mastaba des Mereruka. Mereruka amtierte als Wesir unter dem ersten Herrscher der 6. Dynastie, Teti, und war mit dessen ältester Tochter, der Prinzessin Watethet-Her, verheiratet. Seine hohe Position erlaubte es ihm, sich eine gewaltige Mastaba in unmittelbarer Nähe zur Pyramide des Teti in Sakkara anlegen zu lassen; diese besteht aus 32 vollständig dekorierten Innenräumen und gehört zu den größten Mastabagräbern Ägyptens. Ein Teil der Anlage war der Gemahlin Mererukas vorbehalten, die auf dem Relief zu sehen ist, wie sie an einer stattlichen Lotusblüte riecht.

Gegenüberliegende Seite unten: Relief aus der Mastaba des Mereruka, das Arbeiter bei der Metallschmelze zeigt. Die sechs Männer blasen mithilfe langer Rohre Sauerstoff unter den Schmelztiegel, um die Temperatur des Feuers zu erhöhen. Das flüssige Metall wurde anschließend in Barren gegossen, bevor man es durch Hämmern für die Weiterverarbeitung vorbereitete.

Unten: Melkszene aus der Mastaba des Kagemni, der während der ersten Hälfte der Regierungszeit Tetis das Amt des Wesirs innehatte. Wie sein Amtskollege Mereruka besaß auch Kagemni ein Mastabagrab direkt neben der Pyramide des Königs in Sakkara. Die den Bau im Innern zierenden Reliefs aus feinem Kalkstein gehören zu den herausragenden Arbeiten der frühen 6. Dynastie. Dieser Ausschnitt zeigt zwei Landarbeiter, von denen einer das Seil der gefesselten Hinterläufe einer Kuh hält, während der andere gerade damit beschäftigt ist, das Muttertier zu melken. Die Hieroglyphen über der Szene erläutern knapp die Handlung des Geschehens: „Milch melken".

Gegenüberliegende Seite oben: Wandmalerei aus dem Grab des Iti in Gebelein, etwa 30 km südlich von Theben. Die Nekropole beherbergt einige Gräber aus der Ersten Zwischenzeit, darunter auch das Grab des Iti. Fester Bestandteil der Grabdekoration vom Alten bis zum Mittleren Reich war das Schlachten von Vieh. Charakteristisch für die Kunst der Zwischenzeiten sind die verschobenen Proportionen: Das Rind wirkt im Vergleich zu den Schlachtern riesig.

Gegenüberliegende Seite unten: Die Darstellungen im Grab des Iti zeigen auch die Einlagerung von Getreide, das gerade auf Eseln angeliefert und von Arbeitern in den Getreidespeicher gebracht wird.

KAPITEL DREI

Macht und Wohlstand um 2181–1550 v. Chr.

Zwischen dem Ende des Alten Reichs und dem Beginn der nächsten großen Epoche, dem Mittleren Reich, liegen knapp 130 Jahre – eine Zeitspanne, die nur wenige historisch zuverlässige Quellen dokumentieren. Politische Wirren und innere Unruhen bestimmten das Bild und scheinen das Land bis in seine Grundfesten erschüttert zu haben.

Die Könige der 8. Dynastie, die sich als rechtmäßige Nachkommen der Pharaonen des Alten Reichs fühlten, residierten zwar noch immer in der Hauptstadt Memphis, doch hatten sie die Kontrolle über das ganze Land bereits weit gehend verloren.

Die folgende 9./10. Dynastie geht auf einen gewissen Cheti zurück, einen jener immer stärker nach Unabhängigkeit strebenden Gaufürsten, dem es am Ende gelang, die Regentschaft zu ergreifen. Von Anfang an stieß die neue Dynastie der aus Herakleopolis stammenden Könige jedoch auf den Widerstand lokaler Machthaber, insbesondere jedoch auf den der thebanischen Fürsten im Süden des Landes, die diese Herrschaft nicht anerkannten. Es kam zu erbitterten und langwierigen Auseinandersetzungen zwischen den Parteien und zu wechselnden Allianzen mit anderen Teilen des Landes.

Unter Zuhilfenahme nubischer Söldnertruppen überwanden die Thebaner schließlich die gegnerische Provinz Assiut, und ihr fünfter König, Mentuhotep II., konnte die Herakleopoliten ausschalten und Macht über ganz Ägypten erringen. Um 2046 v. Chr. wurde Mentuhotep II. der erste König des Mittleren Reichs. Mit ihm begann eine neue, glanzvolle Ära der ägyptischen Geschichte, die über 400 Jahre währen sollte.

Gegenüber: Anthropomorpher Sarkophag des Generals Sepi; 12. Dynastie. Die gestreifte Perücke und der ursprünglich angesetzte Zeremonialbart orientieren sich an königlichen Vorbildern und assoziieren den Verstorbenen mit dem Herrscher.

Deir el-Bahari

Die Hauptstadt Ägyptens war nun Theben. Von dort aus regierte König Mentuhotep II. knapp 50 Jahre. Es war eine Zeit politischer und wirtschaftlicher Konsolidierung: Noch vorhandener Widerstand im Innern wurde ausgemerzt, Feldzüge ins Ausland sicherten strategische Interessen. Nun ließen sich bedeutende Handelsbeziehungen knüpfen, und im ganzen Land wurden königliche Bauten in Auftrag gegeben. Kunst wie auch Literatur erlebten einen großen Aufschwung.

Als königliche Begräbnisstätte wählte Mentuhotep das auf dem thebanischen Westufer gegenüber dem heutigen Luxor gelegene Deir el-Bahari. Bei seinem Totentempel handelt es sich um eine von Pfeilern getragene, mehrstufige Terrassenanlage. Darüber erhob sich vermutlich eine dem Mastabagrab ähnliche Konstruktion, die wohl den Gedanken des Urhügels – in der Mythologie der Ort der Weltentstehung – repräsentieren sollte. Die Anlage barg neben dem Königsgrab, das tief in den anstehenden Felsen getrieben wurde, auch die Bestattungen von sechs Gemahlinnen und Prinzessinnen, deren Steinsärge feinstes Reliefdekor zierte. Eine Sitzfigur des Königs, die ihn mit schwarzer Hautfarbe als Osiris, den Gott der Unterwelt, zeigt, entdeckte man im Jahr 1900.

Amenemhet

Trotz der Maßnahmen zur Sicherung der neu gewonnenen Herrschaft hatte bereits der Enkel Mentuhoteps II. erneut mit inneren Spannungen zu kämpfen. Im Süden des Reichs erhoben sich sogar „Gegenkönige", die Mentuhotep IV. die Führung streitig machten. Schließlich scheint ihn sein eigener Wesir, Amenemhet, gestürzt zu haben; von einer Identität des Wesirs mit dem Begründer der 12. Dynastie gleichen Namens, Amenemhet I., wird heute allgemein ausgegangen. Der neue Pharao war es wohl auch, der eine Schrift in Auftrag gab, die angeblich ein gewisser Neferti zu Beginn der 4. Dynastie verfasst haben soll. Darin wurde prophezeit, ein Retter namens Ameni, eine Kurzform von Amenemhet, werde kommen und das Land von Chaos und Unordnung befreien - ein Text zur Legitimierung des Machtwechsels. Amenemhet I. verlegte die Residenz nach Norden und gründete eine neue Hauptstadt mit dem programmatischen Namen Itj-taui „Bezwingerin der beiden Länder".

Um nicht das Schicksal seines Vorgängers zu erleiden, reformierte Amenemhet I. die Verwaltung und besetzte Schlüsselpositionen mit loyalen Beamten. Zur Sicherung der Nachfolge führte er das System der Koregentschaft ein, und so herrschte sein Sohn, der spätere Sesostris I., die letzten Jahre mit ihm gemeinsam. Die einstige Usurpation des Throns scheint Amenemhet dennoch teuer bezahlt zu haben, denn historische Quellen sprechen von der Ermordung des Königs.

Amun-Re

War der Sonnengott Re während des Alten Reichs der wichtigste Königsgott, so begann mit den neuen thebanischen Machthabern des Mittleren Reichs der Aufstieg ihres Lokalgottes Amun. Bereits der Name Amenemhet, „Amun ist an der Spitze", brachte dies deutlich zum Ausdruck. Die neue Qualität als Reichsgott führte zur Verschmelzung mit dem Sonnengott Re und verlieh Amun-Re universelle Macht und Geltung. Sein thebanisches Heiligtum in Karnak zählte von nun an zu den wichtigsten Kultstätten des Landes und vergrößerte sich im Lauf der Zeit zu einer der gewaltigsten Tempelanlagen weltweit.

Neben Amun, der sehr eng mit dem Königtum verbunden war, wurde der Glaube an den Jenseitsgott Osiris sehr populär. Im Alten Reich alleiniges Vorrecht des Pharaos, hoffte nun jeder Verstorbene, bei seinem Tod ein Osiris zu werden. Infolgedessen erlebte Abydos, das Zentrum der Osirisverehrung, einen Boom als Pilgerstätte.

Als Standort für sein Begräbnis wählte Amenemhet I. el-Lischt nahe der neuen Residenz. Dort ließen er und sein Sohn Sesostris I. Pyramiden in der Tradition des Alten Reichs errichten, die mit einer Höhe von knapp

Oben: Zwei Hände; Detail eines Reliefs aus der „Weißen Kapelle" Sesostris' I.; frühe 12. Dynastie. Das Stationsheiligtum wurde anlässlich des Sedfests für Sesostris I. errichtet. Obwohl man diese Festlichkeit ursprünglich nach 30 Regierungsjahren des Königs als eine Jubiläumsfeier zur Regeneration der physischen und psychischen Kräfte des Herrschers abhielt, wurde sie auch von wesentlich kürzer regierenden Pharaonen begangen.

60 m jedoch kaum halb so hoch waren wie die großen Vorbilder auf dem Gizaplateau.

Die 12. Dynastie

Pharao Sesostris I. setzte die unter seinem Vater begonnenen Reformen fort und dämmte den Einfluss der noch immer mächtigen Gaufürsten weiter ein. Auch sein Nachfolger Amenemhet II. trieb den Ausbau der Zentralmacht voran und weitete die Handelsbeziehungen Ägyptens bis nach Innerafrika, Vorderasien und in den nördlichen Mittelmeerraum aus. Eindrucksvoll bezeugt dies ein im Jahr 1936 im Monthtempel von el-Tôd gemachter Depotfund mit kostbaren Silbergefäßen aus der Ägäis und Rollsiegeln aus Mesopotamien. Militärisch drang Amenemhet II. bis nach Syrien vor und brachte mehr als

15000 Gefangene als Arbeitskräfte für umfangreiche staatliche Bauvorhaben nach Ägypten.

Sesostris III.

Drei Könige – Amenemhet II., Sesostris III. und Amenemhet III. – errichteten ihre Pyramiden in Dahschur; Letzterer gab den Bau dort jedoch auf und begann eine zweite, in der Grundfläche fast doppelt so große Pyramide in Hawara am Rande des Faijum. Die Erschließung und Urbarmachung dieser fruchtbaren Region zählt zu den großen Leistungen dieses Königs. Der zu seiner Pyramide in Hawara gehörende Totentempel enthielt antiken Autoren zufolge über 1500 Räume und muss derart riesig und verwirrend gewesen sein, dass er später die Bezeichnung „Labyrinth" erhielt. Die Pyramiden aus dieser Zeit unterschieden sich in ihrer leichten Konstruktion deutlich von den massiven Vorgängern aus dem Alten Reich. Den Kernbau aus Lehmziegeln, Bruchsteinen und Schutt umgab eine Verkleidung aus feinem, geglättetem Kalkstein. Ihrer äußeren Ummantelung beraubt, sind die Pyramiden heute zu unförmigen Hügeln zerfallen.

Zu den bedeutendsten Herrscherpersönlichkeiten des Mittleren Reichs zählte Sesostris III. Er ließ am 1. Katarakt bei Elephantine im Süden des Landes einen Kanal ausheben, um die Stromschnellen besser passierbar zu machen, drang militärisch bis weit in das Goldland Nubien vor und sicherte Ägyptens neue Grenzen durch gewaltige Festungsbauten. Die Gaufürstentümer waren mittlerweile weit gehend entmachtet, und die Administration des Landes lag nun allein in den Händen des Königs und seiner Beamten.

Unten: Bootsmodell aus der 12. Dynastie. Im Mittleren Reich wurden dem Verstorbenen vermehrt Modelle von Booten mit ins Grab gegeben. Sie sollten ihn zum einen befähigen, sich im Jenseits fortzubewegen, zum anderen, an der Pilgerfahrt nach Abydos teilzunehmen, dem Kultzentrum des Jenseitsgottes Osiris. War der Osirisglaube zuvor allein dem König vorbehalten, so wünschte sich seit dem Mittleren Reich jeder Verstorbene, im Tod zu Osiris zu werden.

Links: Dienerfigur einer jungen Frau, die einen Korb mit Brotlaiben und Fleisch auf dem Kopf trägt. Bereits seit dem späten Alten Reich wurden um die Figur des Grabherrn verschiedene Dienerfiguren gruppiert. Zu den typischsten Vertretern dieser Gattung aus Holz zählten die vor allem im Mittleren Reich häufig in Erscheinung tretenden Gabenbringerfiguren. Im Vordergrund stand bei dieser Art der Figuren die Vorstellung, dass der Verstorbene im Jenseits durch eine eigene Dienerschaft mit allen notwendigen Dingen des täglichen Lebens versorgt werden würde. Eine ähnliche magische Stellvertreterfunktion sollten die erstmals im Mittleren Reich aufkommenden Uschebti-Figuren erfüllen. Sie repräsentierten den Verstorbenen selbst und waren dazu bestimmt, an seiner statt Arbeiten zu verrichten, zu denen man im Jenseits herangezogen werden konnte.

Gegenüber: Goldener Anhänger in Form eines Fiederbartwelses; 12. Dynastie. Der kleine Anhänger wurde in einem Kindergrab unweit der Pyramidennekropole Illahun gefunden. Seine goldene Farbe stellt den Bezug zum Sonnengott her, der auf seiner täglichen Fahrt durch die Unterwelt von Fischen begleitet wird, die neben der Sonnenbarke schwimmen und den Gott vor seinen Feinden, vor allem der bösen Apophis-Schlange, warnen. Als Amulett sind Fische auch Symbole für Fruchtbarkeit und eng mit regenerativen Aspekten verbunden.

Die letzten drei Herrscher der 12. Dynastie profitierten von den Errungenschaften ihres Vorgängers Pharao Sesostris III.; Ägyptens Macht und Reichtum suchte seinesgleichen unter den Völkern seiner Zeit. Die 12. Dynastie endete schließlich mit der ersten historisch nachgewiesenen Pharaonin der Geschichte: Nefrusobek, eine Tochter Amenemhets III., regierte vier Jahre das Reich der Pharaonen.

Die 13. Dynastie

Die 13. Dynastie begann um 1795 v. Chr. und währte etwa 150 Jahre. Obwohl es in dieser Zeit zu einem allmählichen Verfall der königlichen Zentralmacht kam, scheinen im Land geordnete Verhältnisse geherrscht zu haben. Die schnelle Abfolge von etwa 50 Königen – im Durchschnitt regierte jeder von ihnen weniger als drei Jahre – deutet auf heftige Thronstreitigkeiten hin.

Erste Konsequenzen des schleichenden Niedergangs waren Probleme an den Grenzen; so schwand die Kontrolle über Nubien, und im Norden schwappte eine Welle von Siedlern aus Syrien-Palästina ins Delta.

Die Zweite Zwischenzeit

Am Ende der 13. Dynastie brach eine Zeit großer Umwälzungen und Turbulenzen über Ägypten herein. Im Ostdelta gelang es lokalen Machthabern, sich von der Zentralregierung abzuspalten und als Kleinkönige der 14. Dynastie die Handelswege nach Vorderasien zu kontrollieren. Gleichzeitig konzentrierten sich im Delta die eingewanderten Bevölkerungsgruppen aus Syrien-Palästina. Hatten Sie sich zunächst mit den Ägyptern arrangiert, traten ihre Anführer schließlich selbst als Könige auf (15./16. Dynastie). Unter dem Eindruck der Situation im Delta verlagerten die Nachkommen der 13. Dynastie ihren Sitz weiter nach Süden. Das Land der Pharaonen zerbrach nun in kleinere Territorien, die entweder den neuen Herrschern im Norden oder den alten Machthabern im Süden unterstanden.

Die anfängliche Politik des Interessenausgleichs hielt jedoch nicht lange: Die Ägypter gerieten in Konflikt mit den Fremden, die in Anlehnung an die griechische Form des ägyptischen heka-chasut, „Herrscher der Fremdländer", auch als Hyksos bekannt sind.

Oben: Modell einer Korn mahlenden Dienerin. Die ältesten Dienerfiguren reichen bis in vorgeschichtliche Zeit zurück und hatten die Aufgabe, den Verstorbenen im Jenseits mit Gütern des täglichen Lebens zu versorgen. Ab der 4. Dynastie tauchen Dienerfiguren aus Kalkstein auf, die Einzelpersonen bei typischen Tätigkeiten – vornehmlich der Nahrungsmittelproduktion – darstellen. Diese Tradition setzte sich im Mittleren Reich fort, doch waren die Figuren nun, wie in diesem Fall, meist aus Holz. Die junge Dienerin, die mithilfe eines Reibsteins Mehl herstellt, wirkt sehr lebendig und in ihrer Arbeitshaltung treffend wiedergegeben.

Gegenüber: Dienerfigur eines Kochs, um 2040 v. Chr. Die Holzfigur ist mit einem feinen Stucküberzug versehen, auf den man die Bemalung aufgetragen hat. Die Arme sind wie häufig bei Holzfiguren separat angezapft. Der Koch hockt auf dem Boden vor einer mittlerweile verloren gegangenen Feuerstelle. In seiner rechten Hand hält er einen Fächer, mit dem er die Glut anfacht – bereit, das Geflügel, das er in der anderen Hand hält, darauf zu grillen. Modellfiguren dieser Art setzten ein Thema rundplastisch um, das auch in flachbildlichen Darstellungen an Grabwänden allgegenwärtig ist: nämlich die materielle Versorgung des Verstorbenen im Jenseits.

Oben: Das Modell aus dem Grab des Meketre besticht durch die Vielzahl der Figuren und die Lebendigkeit der Szene, die wie eine Momentaufnahme des Alltagslebens um 2000 v. Chr. wirkt: Hirten treiben ihre Rinderherden durch den Hof eines vornehmen Anwesens, dessen Besitzer mit seinen Verwaltern unter einem Baldachin thront und die Zählung des Viehbestandes aufmerksam verfolgt. Aufseher mit Stöcken überwachen den Vorgang und drohen Prügel an für den Fall, dass ein Tier fehlen sollte.

Rechts: Die Modelle schilderten nicht nur Szenen des täglichen Lebens, sondern gaben auch Pflanzen wie diesen Baum mit Früchten aus dem Grab des Meketre wieder.

Gegenüber: Insgesamt entdeckte man im Grab des Kanzlers Meketre in Theben-West 25 Holzmodelle, unter ihnen das besonders prachtvolle Exemplar dieser Figur einer Opferträgerin. Sie hebt sich durch ihre Größe, die sorgfältige Verarbeitung und die detailreiche Bemalung deutlich von der Masse der sonstigen Opferträgerinnen ab und gehört zu den schönsten Exemplaren ihrer Art. Es handelt sich dabei um die Personifikation einer der Domänen des Meketre; auf Grabreliefs des Alten Reichs sind solche personifizierten Domänen häufig zu sehen, wie sie in langen Reihen dem Grabherrn hintereinander ihre Gaben bringen.

Oben: Holzmodell einer Schreinerei aus dem Grab des Meketre

Rechts: In drastischer Weise zeigt die kleine Figur aus Holz einen bis auf die Knochen abgemagerten Mann, der eine leere Schale vor sich hält. Armut gehörte zur sozialen Realität in Ägypten, wenngleich sie nur in schweren Zeiten ein Massenphänomen war. Auch die Ärmsten hofften natürlich auf ein besseres Weiterleben in den üppigen Gefilden des Jenseits.

Gegenüber: Uschebti mit einem Miniatursarg des Prinzen Wah-nefer-hetep aus der 13. Dynastie. Typisch mumienförmige Uschebti-Figuren kamen in der zweiten Hälfte des Mittleren Reichs auf und stellen – anders als die Dienerfiguren – den Verstorbenen selbst dar. Die Bezeichnung Uschebti leitet sich aus dem ägyptischen Wort für „antworten" ab, da die Figürchen auf magische Weise für den Verstorbenen – falls dieser im Jenseits zu Arbeiten aufgerufen wurde – antworten und an seiner statt den Auftrag ausführen sollten.

Die Epoche der Dichter und Denker

Leider haben sich nur wenige literarische Zeugnisse des Alten Reichs erhalten, darunter die Pyramidentexte als früheste Meisterwerke religiöser Dichtkunst. Umfangreicher sind die schriftlichen Hinterlassenschaften des Mittleren Reichs; erstmals sind Textgattungen wie Klagelieder oder Weisheitslehren greifbar, treten Dichter in Erscheinung, die das Unglück der vorangegangenen Zwischenzeit beklagen, oder Lehrmeister, die Unterweisungen in richtigem Handeln geben. Selbst Amenemhet I. trat posthum als solcher auf, wenn er in den „Lehren des Amenemhet" seinem Sohn Ratschläge zur Amtsführung gibt und ihn eingehend ermahnt, niemandem blind zu vertrauen, damit er nicht wie der Vater Ziel eines Attentats werde.

Bis in die heutige Zeit gilt die Geschichte des Sinuhe als das klassische Werk ägyptischer Literatur schlechthin. Held der Erzählung ist Sinuhe, der zufällig von der Ermordung Pharao Amenemhets I. erfährt und aus Angst, man würde ihn der Mittäterschaft bezichtigen, die Flucht ergreift.

Am Ende treiben ihn schließlich Heimweh und Sehnsucht aus seinem Exil im Ausland – wo er aufgrund seiner Tapferkeit und Tüchtigkeit inzwischen Karriere gemacht hat – zurück nach Ägypten. Der mittlerweile auf den Thron gelangte König Sesostris I. erkennt die Unschuld Sinuhes, überhäuft ihn mit Ehrungen und gewährt ihm nach seinem Tod ein opulentes Begräbnis.

Oben: Figur eines Nilpferds aus blau glasierter Fayence. Diese Farbe, wie auch die Verzierung mit stilisierten Wasserpflanzen, spielt auf den natürlichen Lebensraum der Tiere an. In Anbetracht ihrer Gefräßigkeit und Größe waren Nilpferde, ebenso wie Krokodile, als Bedrohung sowohl für den Menschen als auch für Nutztiere und Felder gefürchtet. Aus diesem Grund fanden bereits seit prädynastischer Zeit Nilpferdjagden statt. War der König daran beteiligt, erhielten die Jagden eine rituelle Dimension; das Nilpferd verkörperte dann die Kräfte des Chaos und der Unordnung, die der Herrscher bezwang, und die Jagd symbolisierte zugleich den Sieg des Gottes Horus über seinen Widersacher Seth. Im Gegensatz dazu galten Nilpferdkühe wegen der Fürsorge für ihre Jungen als Inbegriff mütterlichen Schutzes, und so erscheint Thoëris, Schutzgöttin der Schwangeren, auf Darstellungen mit dem Leib einer trächtigen Nilpferdkuh. Im Mittleren Reich gehörten Nilpferdfiguren zu den gängigen Grabbeigaben, vermutlich als Sinnbilder von Stärke und weiblicher Fruchtbarkeit, durch die sich der Tote zu regenerieren wünschte.

Rechts: Der Spiegel der Prinzessin Sat-Hathor-Junit, der Tochter des Pharaos Sesostris II., gehört zu den absoluten Meisterwerken ägyptischer Juwelierskunst. Eine dicke Silberplatte bildet die Spiegelfläche, die in einen kunstvollen Griff aus Obsidian gezapft ist. Dieser hat die Form einer nach oben offenen Papyrusblüte. Das goldene Antlitz darunter zeigt Hathor, die Göttin der Schönheit und der weiblichen Reize. Mit der symbolhaften Anspielung auf die Göttin und seiner künstlerischen Vollkommenheit war das Kosmetikutensil einer Prinzessin absolut würdig.

Oben: Salbgefäß aus bläulichem Marmor in Gestalt zweier Enten. Marmor gehört zu den in Ägypten seltenen Gesteinsarten; geringe Vorkommen weiß-grünlichen Marmors gibt es in der Ostwüste. Der für dieses Entengefäß verwendete Marmor dürfte daher aus dem ägäischen Raum importiert worden sein. Zu dem kostbaren Material passt die elegante, vollendete Form des Salbgefäßes, das von einer hohen handwerklichen Perfektion zeugt. Seine äußere Gestalt könnte durchaus einen Bezug zum Inhalt gehabt haben, da Salben und Öle in Ägypten auch aus tierischen Fetten gewonnen wurden. Salböle kamen in der Medizin, der Kosmetik und im Tempelritual zum Einsatz. Da die zwei Enten ihrer Form nach der Hieroglyphe einer toten Gans ähneln – einem gängigen Opfertier im Tempel- und Totenkult – kommt hier wohl am ehesten eine Verwendung als Ritualgefäß in Betracht.

Links: So genannte Herzskarabäen, die wie in diesem Fall auch menschenköpfig sein konnten, spielten bei der Mumifizierung eine wichtige Rolle. Sie wurden über das Herz des Verstorbenen in die Bandagen eingewickelt und trugen auf ihrer Unterseite einen Spruch, der das Herz beim Wiegen vor dem Totenrichter Osiris dazu bewegen sollte, nicht zu Ungunsten seines Besitzers auszusagen.

Gegenüber: Salbgefäß in Gestalt einer Katze. Geschickt nimmt die äußere Form des figürlichen Gefäßes Bezug auf den Inhalt – die Katze ist Attributtier der Göttin Bastet, deren Name mit der Hieroglyphe eines Salbgefäßes geschrieben wird, das den Lautwert „bas" enthält, ein ägyptisches Wort für „Salbe". Katzen scheinen erst relativ spät als Haustiere gehalten worden zu sein; die frühesten Belege dafür stammen aus dem Neuen Reich. Erst in dieser Zeit beginnt auch ein Katzenkult, der in der Dritten Zwischenzeit seinen Höhepunkt findet, da die Gründer der 22. Dynastie aus Bubastis, dem Kultzentrum der Göttin Bastet, stammten.

Unten: Der Toilettenkasten eines königlichen Haushofmeisters besitzt ein Fach für einen Spiegel sowie eine Schublade, in die sich Salbgefäße einsortieren lassen.

Oben: Fragment eines bemalten Reliefs von der Südwand des Totentempels Mentuhoteps II. im Deir el-Bahari. Der Ausschnitt zeigt einen Schakal, der ein Vogelnest plündert. Solche Naturbeobachtungen finden sich häufig als Nebenszenen in Darstellungen des Papyrusdickichts, das mit seiner üppig wuchernden Flora und Fauna ein Sinnbild für Regeneration war.

Rechts: Hieroglyphe in Gestalt einer Biene. Das Zeichen mit dem Lautwert „bit" gehört zusammen mit dem Zeichen einer Binse zum Titel „König von Ober- und Unterägypten", der seit dem Mittleren Reich vor der Kartusche mit dem Thronnamen des Königs stand.

Gegenüber: Das Relieffragment aus dem Totentempel Mentuhoteps II. zeigt den König mit der Roten Krone Unterägyptens. Die zwei Uräen vor ihm gehören zum Kopfschmuck des Gottes Month, der den König einst umarmte.

Oben: Relief aus der „Weißen Kapelle" Sesostris' I. in Karnak. Dieses Stationsheiligtum wurde anlässlich des Sedfests Sesostris' I. errichtet. Die auf den Reliefs dargestellten Ritualhandlungen galten dem Gott Amun, der in dieser Darstellung als Amun-Re in Gestalt des Fruchtbarkeitsgottes Min mit erigiertem Glied erscheint und dem König Leben, Beständigkeit und Herrscherglück verheißen sollte.

Gegenüber: Der eindrucksvolle Kopf einer Königsplastik trägt die markanten Gesichtszüge Amenemhets III.; 12. Dynastie. Die bedeutendste Leistung des Herrschers bestand in der Urbarmachung des Faijum, wo man ihn noch bis in griechisch-römische Zeit als Schutzgott verehrte. Seine erste Pyramide in Dahschur gab er zu Gunsten einer neuen, größeren Pyramide in Hawara (Faijum) auf.

Rechts: Detail der Dekoration des Sarges Generals Sepi; 12. Dynastie. Dieser Sarg gilt als einer der schönsten bemalten Kastensärge aus dem Mittleren Reich. Die rechteckigen Kastensärge waren mit verschiedenen Opferformeln und Sargtexten beschrieben. Der Tote lag darin zumeist auf der linken Seite; mithilfe eines auf der Außenseite aufgemalten Augenpaars konnte er auf diese Weise die Welt betrachten. Eine zusätzlich aufgemalte Scheintür erlaubte es der Seele des Verstorbenen zudem, den Sarg nach Belieben zu verlassen. Das hier dargestellte Motiv stammt aus dem „Zwei-Wege-Buch", einem Totentext, der genaue Auskunft über die räumliche Beschaffenheit des Jenseits gibt. Auf dem Plan ist in der Mitte der thronende Osiris zu sehen, der eine Atef-Krone mit Doppelschlangen trägt. In der einen Hand hält er ein Was-Zepter, mit der anderen reicht er ein Lebenszeichen an die Hieroglyphen auf seinem Thron, die „Millionen Jahre" bedeuten, eine Chiffre für die Lebenszeit, die sich der Verstorbene vom Totengott im Jenseits erhofft.

Gegenüber: Seit dem Alten Reich gehörten große Metallfiguren des Königs zur Ausstattung der Tempel. Nur äußerst wenige von ihnen haben die Jahrtausende überdauert, da sie ihres Materialwerts wegen in späteren Zeiten häufig eingeschmolzen wurden. Dieses beeindruckende Bildnis stellt wahrscheinlich den letzten König der 12. Dynastie, Amenemhet IV., dar, den Vorgänger der ersten historisch bezeugten Frau auf dem Pharaonenthron, Königin Nefrusobek.

KAPITEL VIER

Ägyptens goldenes Zeitalter um 1550–1069 v. Chr.

Mit Beginn der 18. Dynastie um 1550 v. Chr. erlebte das Land am Nil einen rasanten Aufstieg. Ägyptens goldenes Zeitalter war angebrochen. Die großen Pharaonen überzogen das Land mit gewaltigen Tempelbauten und ließen sich prachtvolle Gräber im Tal der Könige anlegen. Diese wohl glanzvollste Epoche Ägyptens erstreckte sich über knapp 500 Jahre, ehe das Reich am Nil schließlich von wirtschaftlichen Krisen und sozialen Unruhen heimgesucht wurde.

Die Fremdherrscher

Ab etwa 1650 v. Chr. herrschten im Norden des Landes Anführer der aus Syrien-Palästina eingewanderten Bevölkerungsgruppen: die so genannten Hyksos. Bereits seit geraumer Zeit hatten sich im östlichen Deltagebiet aus Vorderasien stammende Einwanderer angesiedelt, die zwar in vielen Bereichen stark ägyptisiert waren, sich daneben aber auch spezifische Sitten und Gebräuche ihrer Heimat bewahrt hatten (so etwa im Bestattungswesen).

Mit dem Zerfall des Pharaonenstaats am Ende der 13. Dynastie lösten die Hyksos lokale Machthaber ab und inthronisierten sich schließlich als Könige. Als Legitimation diente ihnen wohl eine formale Krönung in der alten Hauptstadt Memphis, als Residenz wählten sie archäologischen Funden zufolge jedoch Auaris nahe dem heutigen Tell el-Daba im Ostdelta. Von dort aus übten sie ihre auf der Abhängigkeit von Vasallen und Kleinfürsten basierende Herrschaft aus.

Im Großen und Ganzen stellt sich die Machtübernahme der Hyksos im Licht neuerer Forschungen als längerer Prozess dar, nicht jedoch als einmalige Invasion, wie sie der im 3. Jh. v. Chr. lebende Geschichtsschreiber Manetho schilderte. Er schrieb die Eroberung einem gewissen Salitis zu, der als erster König der 15. Dynastie gilt.

Die neuen Machthaber verstanden es, sowohl politische Bündnisse als auch ihre militärische Stärke geschickt zu nutzen. Aus ihrer vorderasiatischen Heimat hatten sie neue, effektive Waffentechniken mitgebracht, insbesondere den Einsatz von Streitwagen. Pferd und Wagen waren in Ägypten bis dato unbekannt, die schnellen Streitwagentruppen waren den langsamen ägyptischen Fußsoldaten weit überlegen. Nach anfänglichen Schwierigkeiten beherrschten jedoch auch die Ägypter die neuen Waffen, und knapp ein Jahrhundert später geriet das fragile Machtgefüge zwischen den Fremdherrschern im Norden und den immer eigenmächtigeren Fürsten im Süden aus dem Gleichgewicht.

Als Erster suchte der thebanische Machthaber Seqenenre um 1570 v. Chr. die offene Konfrontation mit dem Hyksos-Herrscher Apophis, starb allerdings auf dem Schlachtfeld, wie tödliche Kopfverletzungen seiner Mumie zeigen. Sein Sohn Kamose setzte den Kampf fort. Ein Versuch der Hyksos, mit dem nubischen Königreich Kerma Kontakt aufzunehmen und die Thebaner in einem Zweifrontenkrieg aufzureiben, scheiterte, da die Geheimbotschaft abgefangen werden konnte. Erst dem Bruder und Nachfolger

Gegenüber: Wandmalerei aus dem Grab des Pa-in; Theben-West, 18. Dynastie. Der Vater des Grabherrn und dessen Frau sitzen in festlicher Gewandung vor einem mit Opfergaben beladenen Tisch. Der Mann riecht an einer großen Lotusblüte – ein Motiv, das im Neuen Reich vermehrt bei Männern auftrat. Die Vorliebe der alten Ägypter für jegliche Art von Wohlgerüchen lässt sich auch daran erkennen, dass man „sich freuen; Freude“ als Hieroglyphe in Form einer Nase schrieb.

Oben: Die Siedlung Deir el-Medineh auf dem thebanischen Westufer wurde während der 18. Dynastie für die an den Gräbern im Tal der Könige tätigen Arbeiter angelegt. Am Ende des Neuen Reichs, als sich die Pharaonen in der neuen Residenz Tanis bestatten ließen, wurde die Siedlung aufgegeben.

des Kamose, Ahmose, gelang um 1550 v. Chr. die Einnahme von Auaris; die Macht der Fremden war nun gebrochen, Ägypten erneut unter der Herrschaft eines einheimischen Pharaos vereint.

Oben: Malerei auf einem Kalksteinsplitter, einem so genannten Ostrakon. Da es Kalksteinsplitter in großen Mengen gab, waren sie für flüchtige Aufzeichnungen und Entwürfe günstiger als Papyrus.

Die Thutmosiden

Nach der erfolgreichen Vertreibung der Hyksos konzentrierten sich Ahmose und seine unmittelbaren Nachfolger auf die Reorganisation des Staats und die Sicherung der Grenzen. Zu diesem Zweck vergrößerte man die Armee erheblich.

Ägyptens neu erworbene Stärke erlaubte bereits dem dritten König der 18. Dynastie, Thutmosis I., eine aktive Außenpolitik: So wurde im Süden eine Rebellion nubischer Fürsten niedergeschlagen, im Nordosten ein Feldzug bis nach Syrien geführt. Innenpolitisch setzte Thutmosis I. die Bautätigkeiten seiner Vorgänger fort und ließ sich als erster Pharao ein Grab im Tal der Könige auf dem Westufer des Nils anlegen – direkt gegenüber dem neuen Machtzentrum Theben.

Theben, die Heimat des Gottes Amun, war zum Nabel der Welt geworden, die Fäden politischer und religiöser Macht liefen dort zusammen. Bereits im Mittleren Reich Schutzgott des Herrscherhauses und mit dem Sonnengott verschmolzen, hatte Amun-Re jetzt alle Qualitäten einer universalen Schöpfergottheit auf sich vereint und war unumschränkter „König der Götter". Die ihm zu Ehren errichtete Tempelanlage in Karnak wurde von den Pharaonen des Neuen Reichs stetig erweitert und mit geradezu verschwenderischer Pracht ausgestattet. Großzügige königliche Stiftungen von Ländereien und Gütern mehrten Wohlstand und Macht der Priesterschaft, sodass sich diese allmählich zur einflussreichsten Elite des Landes entwickelte.

Schon bald machte sich diese Machtstellung auch in der Thronfolge bemerkbar. Nach dem Tod Thutmosis' I. bestieg sein Sohn Thutmosis II. den Thron. Er heiratete aus dynastischen Gründen seine Stiefschwester Hatschepsut, die bald darauf die Prinzessin Neferure zur Welt brachte. Als Thutmosis II. in jungen Jahren starb, wurde sein einziger Sohn aus der Verbindung mit einer Nebenfrau Kronprinz – der spätere Thutmosis III.

Hatschepsut übernahm zunächst für ihren minderjährigen Stiefsohn die Regierung und führte die Amtsgeschäfte, drängte kurze Zeit später aber selbst an die Macht; mit der Unterstützung der einflussreichen Priesterschaft des Amun ließ sie sich zum Pharao krönen. Die ehrgeizige Königin proklamierte, durch eine direkte Verbindung ihrer Mutter mit dem Gott Amun dessen leibliche Tochter zu sein. Damit übertrug und aktualisierte sie geschickt das alte Konzept vom König als „Sohn des Re" auf sich als „Tochter des Amun". Offizielle Bildwerke zeigten sie fortan nicht nur in vollem pharaonischem Ornat, sondern sogar mit Zeremonialbart. Auf diese Weise wurde die absolute Übernahme der männlichen Rolle des Königs als irdischer Horus zum Ausdruck gebracht. Thutmosis III. agierte in dieser Zeit als Koregent und erschien gemeinsam mit ihr auf offiziellen Denkmälern.

Zu den bedeutenden Ereignissen der Regierungszeit Hatschepsuts zählen die Aufstellung ihrer riesigen Obelisken zu Ehren des Amun in Karnak sowie eine Expedition in das Gold- und Weihrauchland Punt. Hatschepsut starb im 22. Jahr der gemeinsamen Regierung mit ihrem Stiefsohn. Thutmosis III. sorgte später vor allem aus religionspolitischen Gründen dafür, dass ihr Andenken ausgelöscht wurde, indem er ihre Bildnisse zerstören und ihren Namen tilgen ließ.

Der neue Sonnenkult

Thutmosis III. erwies sich als außergewöhnlich fähiger Militärführer, der mehrere Feldzüge in den vorderasiatischen Raum unternahm. Eine Koalition rebellierender Fürsten, die sich in die befestigte Stadt Megiddo geflüchtet hatten, wurde nach siebenmonatiger Belagerung zerschlagen. Als der Urenkel Thutmosis' III., Amenophis III., um 1390 v. Chr. den Thron bestieg, war das Pharaonenreich auf dem Höhepunkt seiner Macht.

Waren aus aller Herren Länder gelangten an den Königshof in Memphis, Gesandte und Diplomaten reisten in die entlegensten Winkel des Reichs. In den Bereichen Wissenschaft und Technik kam es zu großen Fortschritten, und man war Neuem und Fremdem gegenüber insgesamt aufgeschlossen.

Diese Grundhaltung erstreckte sich auch auf den theologischen Diskurs, bei dem es vor allem um die Rolle des Königs ging. Schon seit Längerem wuchs am Königshof die Bedeutung des Gottes Aton, der sichtbaren Erscheinungsform des Sonnengottes als Lichtquelle am Firmament. Der zunehmende Einfluss des Sonnenkults bedeutete jedoch, dass im Gegenzug der Einfluss der mächtigen Priesterschaft des Amun schwand. Schon früher hatte Amenophis III. seinen Willen durchgesetzt, als er die aus „bürgerlichen" Verhältnissen stammende Teje zur Hauptgemahlin erhob und damit den Einfluss bestimmter Kreise am Hof drastisch einschränkte. Die Affinität des Königs zum neuen Sonnenkult um Aton dürfte bei den Priestern des Amun daher kaum auf Begeisterung gestoßen sein, wenngleich ihr Gott vorerst unangefochten an der Spitze der Götter blieb. Die Situation änderte sich jedoch mit dem Sohn und Nachfolger Amenophis' III. dramatisch: Unter Amenophis IV. kam es zum offenen Bruch mit dem Gott Amun.

Zum ersten Mal in seiner Geschichte erlebte Ägypten den tätlichen Angriff auf einen Gott; der Kultbetrieb im Karnaktempel wurde eingestellt, der Name des Gottes Amun-Re aus den Inschriften getilgt, ja selbst den Namen seines Vaters ließ der neue König verstümmeln, da er das Wort Amun enthielt. Die heutige Form des Namens Amenophis ist die griechische Interpretation des ägyptischen Imen-hetep, „Amun ist zufrieden", und so änderte Amenophis IV. seinen Namen in Echnaton „Glanz des Aton".

Echnaton

Im 5. Jahr seiner Regierung verließ Echnaton Theben und gründete etwa 300 km nördlich, nahe dem heutigen Tell el-Amarna, die neue Residenzstadt Achet-Aton, „Horizont des Aton". Tausende Arbeiter stampften dort binnen kürzester Zeit riesige Tempelanlagen, Paläste, Villen- und ganze Wohnviertel aus dem Boden; etwa 50 000 Menschen sollten an diesem Ort einmal leben. Die Stadt lag am Ostufer des Nils, der Seite des Sonnenaufgangs; an dieser Stelle ließ Echnaton auch sein Königsgrab anlegen und

Links: Detail einer Wandmalerei aus dem Grab des Userhet, das die Versorgung des Verstorbenen durch Hathor in ihrem Aspekt als Baumgöttin zeigt; Theben-West; 18. Dynastie.

Gegenüber: In starker Überzeichnung zeigt das Reliefffragment den Kopf eines Nubiers mit breiten Lippen, flacher Stirn und typischer Rundfrisur. Die Seile um den Hals erlauben die Zuordnung des Stücks, das zur Darstellung einer ganzen Reihe Gefangener gehörte, die der König nach erfolgreicher Schlacht den Göttern präsentierte.

Umseitig: Büste des Königs Merenptah; 19. Dynastie. Die Büste gehörte zu einer monumentalen Sitzfigur des Herrschers aus seinem Totentempel in Theben-West. Merenptah war der 13. Sohn Ramses' II. und dessen Nachfolger. Die lange Regierungszeit seines Vaters – er herrschte 67 Jahre lang – führte dazu, dass Merenptah selbst erst in fortgeschrittenem Alter den Thron bestieg.

brach mit der traditionellen Orientierung nach Westen, dem Ort der Jenseitswelt. Stattdessen nutzte er symbolhaft den Ort des Sonnenaufgangs, an dem sein neuer Gott erschien. Echnaton allein war es, der seinen Vater, den Sonnengott Aton, kannte, und er allein fungierte als Mittler zwischen seinem Gott und der Welt. Dabei stand ihm seine berühmte Gemahlin Nofretete zur Seite, mit der zusammen er die Funktion der traditionellen Götterpaare übernahm.

König Echnaton war durchaus kein religiöser Träumer; machtpolitisch klug und zielstrebig setzte er seine Visionen gegen jeden Widerstand durch.

Auch die Kunst stand ganz im Dienst der neuen Religion: Die Bildnisse zeigten einen unverkennbar eigenen Stil. Aton selbst wurde als Sonnenball dargestellt, der am Himmel erscheint und dem Königspaar mit seinen Strahlenhänden Leben und Herrscherglück darreicht. Dieses Herrscherglück hatte jedoch seinen Preis; die radikalen religiösen Neuerungen, die Auslöschung des Amun, die gottgleiche Position des Königspaares – all das dürfte den Ägyptern befremdlich erschienen sein.

Echnaton blieb knapp 18 Jahre an der Macht. In dieser Zeit brachte Nofretete sechs Töchter zur Welt. Der Tod des Pharaos wie auch das Ende der Amarnazeit liegen im Dunkeln und werden heute kontrovers diskutiert. Anschließend regierte für kurze Zeit ein Herrscher namens Semenchkare – möglicherweise ein Schwiegersohn Echnatons oder dessen leiblicher Sohn aus der Verbindung mit einer Nebenfrau.

Nach Semenchkare bestieg Tutanchaton, der spätere Tutanchamun, den Thron. Der wahrscheinlich erst neunjährige Kindkönig, der zu diesem Zeitpunkt bereits mit einer Tochter Echnatons verheiratet war, sollte die neue Residenz Achet-Aton aufgeben und nach Memphis zurückkehren, um die alten Götter wieder in ihre angestammte Position einzusetzen und seinen Namen in Tutanchamun, „Lebendiges Abbild des Amun", zu ändern.

So rigoros Echnaton einst vorgegangen war, so konsequent fiel er nun selbst der Verfolgung anheim. Man löschte seinen Namen, zerstörte seine Bildnisse und gab seine Stadt Achet-Aton dem Verfall preis. Amun war erneut König der Götter, sein Andenken im ganzen Land wiederhergestellt.

Tutanchamun

Kaum erwachsen, starb Tutanchamun eines plötzlichen Todes und wurde im Tal der Könige beigesetzt. Dort überdauerte das Grab des eher unbedeutenden Herrschers wundersamerweise die Jahrtausende, ehe es Howard Carter 1922 entdeckte und den jugendlichen König mit einem Schlag weltberühmt machte.

Tutanchamun hinterließ keinen Thronerben, weshalb einige Forscher annehmen, seine Witwe Anchesenamun sei an der so genannten „Dachamunzu-Affäre" beteiligt gewesen. Aus keilschriftlichen Quellen geht hervor, dass eine ägyptische Königswitwe den hethitischen König bat, ihr einen seiner Söhne zu schicken, da sie keinen Untergebenen heiraten wollte. Auf dem Weg nach Ägypten kam der hethitische Prinz jedoch ums Leben, der Plan scheiterte. Ob Anchesenamun tatsächlich die Verfasserin des Briefs war, bleibt unklar, doch heiratete sie offenbar den wesentlich älteren Würdenträger Eje.

Nach dessen baldigem Tod bestieg ein Mann den Thron, der schon zu Tutanchamuns Zeiten der eigentliche Machthaber im Lande gewesen sein dürfte: Der Oberbefehlshaber des Heeres, Haremhab. Er stellte die innen- und außenpolitische Stabilität wieder her und war bemüht, alle Spuren der Amarnazeit endgültig zu tilgen.

Die 19. Dynastie

Mit Haremhabs Tod endete auch die 18. Dynastie. Sein Nachfolger wurde der bereits betagte Ramses I., ein ehemaliger Offizier und Weggefährte des Königs, der zum Wesir aufgestiegen war. Nach kaum einem Jahr im Amt starb dieser Gründer der 19. Dynastie, und sein Sohn Sethos I. folgte ihm auf den Thron.

Der neue König unternahm erfolgreiche Feldzüge gegen die Hethiter und die Libyer und zeichnete für einige imposante Bauten verantwortlich, zu denen der wegen seiner feinen bemalten Reliefs besonders eindrucksvolle Tempel in Abydos zählte. Amuns wiedererlangter Vormachtstellung verlieh Sethos I. mit dem Bau des großen Hypostyls in Karnak Ausdruck, einer gewaltigen Halle, die mit 134 massigen Säulen einem Stein gewordenen Papyrusdickicht gleicht.

Die Vollendung des riesigen Säulensaales erfolgte erst unter seinem Sohn Ramses II., dem wohl berühmtesten Pharao der Geschichte. Im Verlauf seiner 67-jährigen Regierungszeit überzog er das ganze Land mit grandiosen Bauwerken – zu den bekanntesten gehören sein Totentempel in Theben-West, das Ramesseum, und die einzigartige Tempelanlage in Abu Simbel an der Grenze zu Nubien. Vier kolossale, 22 m hohe Sitzfiguren des Königs thronen am Eingang; von diesem aus führt ein Raumsystem 63 m tief in den Felsen und ist so ausgerichtet, dass zweimal im Jahr, am 22. Februar und am 22. Oktober, die Strahlen der aufgehenden Sonne bis ins hintere Sanktuarium vordringen können. Dort erhellen sie eine Statuengruppe, die den König neben den Reichsgöttern Amun-Re, Re-Harachte und Ptah zeigt.

Ramses II. siedelte in die von seinem Vater neu gegründete Residenzstadt Piramesse – nahe dem heutigen Qantir – im Ostdelta um. Von diesem Ort aus zog er in die Schlacht von Kadesch, bei der er unvorsichtigerweise in einen Hinterhalt der Hethiter geriet und nur knapp einer desaströsen Niederlage entging. Zurück in Ägypten, ließ er sich dennoch als Sieger feiern und schloss Jahre später einen Friedensvertrag mit den ehemaligen Gegnern; zwei diplomatische Heiraten mit hethitischen Prinzessinnen folgten.

Historischen Quellen zufolge war Ramses II. Vater von über 100 Kindern. Da er selbst jedoch ein hohes Alter erreichte, folgte ihm erst sein 13. Sohn Merenptah auf den Thron nach, der zu diesem Zeitpunkt bereits selbst ein reifer Mann um die sechzig war. Zu den bedeutendsten Ereignissen seiner Regierungszeit gehörte die Abwehr der „Seevölker“, die wie Piraten die Küsten überfielen und plünderten. Sie kamen aus dem nordöstlichen Mittelmeerraum und waren zusammen mit den Libyern ins Nildelta eingefallen. Auf einer Inschrift in Karnak verkündete Merenptah, 9376 Feinde gefangen oder getötet zu haben. Die letzten vier Herrscher der 19. Dynastie regierten noch knapp 20 Jahre, eine Zeitspanne, die geprägt war von Intrigen und Thronwirren und an deren Ende die kurze Regierung der Königin Tausret stand.

Die 20. Dynastie

Erst unter dem auf Sethnacht folgenden zweiten König der 20. Dynastie beruhigte sich die Lage am Königshof; während der etwa 30-jährigen Regierungszeit Ramses' III. erlebte das Neue Reich eine letzte Renaissance. Die große Leistung des Königs bestand in einer erneuten Abwehr der Seevölker und Libyer, die noch immer eine erhebliche Bedrohung der gesamten östlichen Mittelmeerküste darstellten. Die entscheidende Schlacht ließ Ramses III. auf monumentalen Reliefs in seinem Totentempel in Medinet Habu verewigen.

In den folgenden 20 Jahren seiner Regierung herrschte eine rege Bautätigkeit, und es entstand u.a. das große, opulent bemalte Grab des Pharaos im Tal der Könige. Das Ende der Herrschaft Ramses' III. war von wirtschaftlichen Krisen überschattet – in Deir el-Medineh kam es zum ersten bezeugten Streik in der Geschichte unter den Arbeitern am Königsgrab – sowie von einem Attentat auf den Regenten, an der auch eine seiner Gemahlinnen beteiligt war. Die Verschwörer wurden zwar schließlich gefasst, doch scheint Ramses III. dem Anschlag zum Opfer gefallen zu sein.

Alle acht nachfolgenden Könige der 20. Dynastie, die in der Hauptstadt Piramesse im Delta residierten, trugen den Eigennamen Ramses, doch regierte kaum einer von ihnen länger als zehn Jahre. Soziale Spannungen, Korruption und Missernten beschleunigten den rasanten Niedergang des Reichs; nun kam es sogar zu Übergriffen und Plünderungen einiger Pharaonengräber. Unter Ramses XI. brach zudem ein Bürgerkrieg in Oberägypten aus, bei dem sich der Vizekönig von Kusch, Panehesi, und der Hohepriester des Amun, Amenhotep, als Gegner gegenüberstanden. Unter dem vom König entsandten Pianch griffen die Kampfhandlungen sogar auf den Norden über. Auch nach dem Rückzug Panehesis schwelte der Konflikt weiter; Ramses XI. versuchte in seinem 19. Regierungsjahr einen symbolischen Neuanfang, indem er das Jahr 1 einer Ära „Wiederholung der Geburt (Schöpfung)“ ausrief, doch er konnte den Zerfall des Reichs nicht aufhalten.

Nach dem Tod Ramses' XI. ergriff im Süden der Hohepriester des Amun, Herihor, die Macht und ließ sich zum König ausrufen, während der Norden unter die Kontrolle eines hohen Beamten namens Smendes geriet, dem Begründer der 21. Dynastie. Faktisch war das Land damit in zwei zentrale Machtblöcke zerbrochen; Nubien im Süden wurde unabhängig, und die Herrschaft über Vorderasien ging verloren.

Oben: Der Luxortempel war über eine 2,5 km lange Sphingenallee mit dem Reichstempel von Karnak verbunden. Die Pylonbauten am Eingang stammen von Ramses II. und sind mit Reliefs verziert, die den König bei der Schlacht von Kadesch zeigen. 1831 wurde einer der beiden noch aufrecht stehenden Obelisken vor dem Tempel nach Paris gebracht und steht heute auf dem Place de la Concorde.

Ägyptische Tempel

Die Tempel Ägyptens waren Residenzen der Götter, die dort in Gestalt ihrer Kultfigur vom König oder seinen Stellvertretern, den Priestern, kultisch verehrt wurden. Täglich fanden Rituale wie die Reinigung des Kultbildes und seine Versorgung mit Nahrungs- und Trankopfern statt, da die Götter der materiellen Versorgung bedurften. Für den Fortbestand der Welt und ihrer göttlichen Ordnung, der Maat, war ihre Gunst von elementarer Bedeutung. Zu dem tief im Innern des Tempels liegenden Allerheiligsten hatten lediglich der König und hohe Priester zutritt; die Bevölkerung verehrte die Götter außerhalb des Tempels. Nur zu bestimmten Festen öffnete man den Zugang zum ersten Hof, oder das Kultbild verließ in feierlicher Prozession das Heiligtum, um – umjubelt von der Menge – eine andere Gottheit in deren Tempel zu besuchen.

Bei den ältesten, aus frühdynastischer Zeit stammenden Heiligtümern handelte es sich um Holz- und Mattenbauten. Diese wurden später durch die Lehmziegelbauweise abgelöst, die auch im Alten Reich, während der Blütezeit des steinernen Pyramidenbaus, teilweise beibehalten wurde. Für den König, der als Sohn des Sonnengottes und Horus auf Erden als Garant für das Wohlergehen des Landes galt, errichtete man nun jedoch Kultanlagen aus Stein. Aus zunächst bescheidenen Opferstellen an der Ostseite der Pyramiden entwickelten sich gewaltige steinerne Pyramidentempel, deren Bild- und Statuenprogramm die Einsetzung, den Erhalt sowie die Fortdauer der Macht des Königs thematisierten.

Zu Beginn des Mittleren Reichs setzte ein wahrer Boom im Tempelbau ein. An vielen bedeutenden Kultorten Ägyptens erneuerte oder errichtete man Göttertempel in einer Art Mischarchitektur aus Lehmziegeln und Stein. Nahezu alle diese Tempel wurden im Neuen Reich durch modernere, steinerne Bauten ersetzt. Zu diesen Komplexen gehörten ein Hof, diverse hintereinander liegende Säle, Magazinräume sowie das Sanktuarium.

Als die Könige im Neuen Reich dazu übergingen, ihre Grabstätten im Tal der Könige anzulegen, entstanden entlang dem Fruchtlandstreifen die so genannten Millionenjahrhäuser, die die Pyramidentempel des Alten und des Mittleren Reichs ablösten.

Oben: Luftbild der Tempelanlagen von Karnak. Dieser Ort entwickelte sich im Lauf des Neuen Reichs zu einer wahren Tempelstadt, die sowohl zahlreiche Heiligtümer, Prozessionswege, Barkenstationen und Obelisken als auch profane Verwaltungsgebäude, Priesterklausen und Magazine umfasste. Im linken Bildteil liegt der Tempelkomplex des Amun, der mit einem Areal von über 28 ha bis heute zu den größten sakralen Anlagen der Welt zählt. Rechts daneben liegt der kleinere Tempelbau zu Ehren des alten Ortsgottes Month. Bereits im Mittleren Reich wurden beide Götter mit dem Sonnengott Re verschmolzen, doch allein Amun-Re stieg zum „König der Götter" und Reichsgott des Landes auf.

Gegenüber: In Karnak ließ Thutmosis I. vor dem 5. Pylon ein Paar gewaltiger Obelisken für seinen „Vater Amun-Re" aufstellen, von denen einer noch heute 22 m hoch in den Himmel ragt. Die aus einem einzigen monolithischen Steinblock geschlagenen Pfeiler konnten ein Gewicht von mehr als 450 Tonnen erreichen. Bis heute ist umstritten, wie die alten Baumeister es fertig brachten, sie in einem Stück aus den weit entfernt gelegenen Steinbrüchen über den Nil zu transportieren und mit höchster Präzision aufzurichten. Die laut der auf dem Obelisken angebrachten Inschrift ehemals vergoldete Spitze hat die Form einer kleinen Pyramide und ist das Sinnbild des Sonnenkults und der Schöpfung.

Oben: Das Hypostyl von Karnak ist der größte jemals errichtete Säulensaal Ägyptens und wahrscheinlich der größte der Welt. Zu beiden Seiten der Mittelachse, die ins Innere des Tempels führt, erheben sich über 22 m hohe Papyrussäulen. Mit einer Fläche von 5400 m² gleicht die ganze Halle einem zu Stein gewordenen Papyrusdickicht; insgesamt 134 Säulen stehen dort dicht an dicht. Sie sind aus mächtigen Kalksteintrommeln aufgeschichtet, die auf hohen, runden Basen ruhen. Die heute lichtdurchflutete Halle war einst vollständig mit massiven Steinplatten überdacht; lediglich durch steinerne Gitterfenster in der Dachkonstruktion drang etwas Licht ins Innere. Die Wände und Säulenschäfte sind mit Reliefs überzogen, die Aufschluss über das rituelle Geschehen in der Halle geben. Sie zeigen den König bei Kulthandlungen vor den Göttern, beim Krönungszeremoniell und beim Auszug der Prozessionsbarken. Der Bau des gewaltigen Säulensaals wurde von Sethos I. begonnen und von seinem Sohn Ramses II. vollendet.

Oben: Reliefs am monumentalen Eingangsportal zum Hypostyl des Heiligtums von Karnak. Diese künstlerischen Arbeiten wurden in erhabener Technik ausgeführt: Bei diesem Verfahren entfernte man den Hintergrund gleichmäßig, um den gewünschten Effekt, das Hervortreten der Darstellung, zu erzielen. Im Gegensatz dazu wurden beim versenkten Relief die Figuren direkt in die ebene Fläche gemeißelt. Diese schnellere Technik kam vor allem während der Amarnazeit zur Anwendung. Im Osten des Amuntempels von Karnak ließ König Echnaton einen dem Gott Aton geweihten Tempel errichten.

Oben: Detail eines Reliefblocks der „Roten Kapelle" der Hatschepsut in Karnak, der Thutmosis III. beim Weihrauchopfer vor einer Statue der Königin zeigt. Hatschepsut übernahm für ihren noch minderjährigen Stiefsohn Thutmosis III. zunächst die Regentschaft, bestieg jedoch als regierender Pharao schließlich selbst den Thron und machte Thutmosis III. zum Mitregenten.

Rechts: Der löwenmähnige Sphinx zeigt das Antlitz der Königin Hatschepsut, die als Zeichen ihrer Herrschaft den breiten Zeremonialbart der Pharaonen trägt.

Gegenüber: Darstellung an der Spitze eines umgestürzten Obelisken der Hatschepsut in Karnak. Der Gott Amun-Re krönt darauf die vor ihm kniende Königin mit den Worten: „Ich gebe hiermit die Königsherrschaft über beide Länder und das Amt des Atum an meine Tochter Hatschepsut gemäß meines Wunsches. Ihr sei Leben, Heil und Gesundheit beschieden." Hatschepsut legitimierte ihre Position als weiblicher Pharao mit einer direkten Vaterschaft des Gottes. Unter Amenophis IV. Echnaton wurden Bildnis und Name des Amun ausgehackt, im Rahmen einer späteren Restaurierung jedoch wieder angebracht.

Rechts: Reliefblock aus der „Roten Kapelle" der Hatschepsut in Karnak. Die Königin trägt das Ornat eines männlichen Pharaos mit kurzem Schurz, Zeremonialbart und Atef-Krone. Mit der Göttin Seschat steckt sie bei der Gründungszeremonie namens „Spannen des Stricks" den Tempelbauplatz ab. Das Heiligtum der Hatschepsut sollte jedoch nur wenige Jahrzehnte stehen, denn bereits Hatschepsuts Nachfolger Thutmosis III. ließ es demontieren und durch einen Neubau aus schwarzem Granit ersetzen. Die rötlichen Quarzitblöcke seiner Vorgängerin wurden später im Fundament des 3. Pylons verbaut. Französischen Archäologen gelang die Bergung von über 300 Blöcken, die eine nahezu vollständige Rekonstruktion der „Roten Kapelle" erlaubten.

Unten: Auf einem Relief der „Roten Kapelle" umarmt die Königin Hatschepsut den Gott Amun-Re, der in Gestalt des potenten Fruchtbarkeitsgottes Min erscheint.

Rechts: Senenmut, oberster Domänenverwalter und Architekt der Königin Hatschepsut, war zugleich der Erzieher ihrer Tochter Neferure aus der Ehe mit Thutmosis II. Die Hockfigur zeigt den Beamten zusammen mit der jungen Prinzessin, die noch im Kindesalter starb. Das Schicksal Senenmuts liegt ebenso wie das seiner Königin im Dunkeln; am Ende ihrer Regierungszeit wurde der Name des Senenmut aus allen für ihn errichteten Denkmälern gekratzt. Wenige Jahre später ereilte auch Hatschepsut dieses Los; Thutmosis III. ließ ihre Namen und Bildnisse an prominenten Stellen entfernen. Dachte man früher, dies sei eine Art Revanche für die lange Zeit, die sie ihren Nachfolger vom Thron fern hielt, so geht die moderne Forschung heute allgemein davon aus, dass die Verfolgung ihres Andenkens weniger persönlich motiviert war als vielmehr das Resultat religionspolitischer Erwägungen in Bezug auf die männliche Thronfolge.

Die Hieroglyphen

Bereits den Griechen erschien die Schrift der Ägypter ebenso bedeutungs- wie geheimnisvoll. Dem Mythos zufolge ein Geschenk des Schreibergotts Thot an die Menschen, nannten sie die auf Tempelwände gemeißelten Zeichen Hieroglyphen – wörtlich „heilige Meißelungen". Für die Ägypter selbst waren sie „medu-netscher" – „Gottesworte".

Die ältesten Schriftzeichen datieren in die 2. Hälfte des 4. Jahrtausends v. Chr. Das System der Hieroglyphen umfasste bis zum Neuen Reich im Wesentlichen etwa 800 Zeichen, von denen einige für ganze Wörter (Logogramme), andere für einen oder mehrere Laute (Phonogramme) und wieder andere für bestimmte Bedeutungsklassen standen (Determinative). Bedeutungszeichen waren erforderlich, da man keine Vokale schrieb und bestimmte Wörter daher gleich aussahen; das zusätzliche Bedeutungszeichen am Ende des Worts gab an, was gemeint war. Die Anordnung der Zeichen konnte flexibel gehandhabt werden; von rechts nach links und umgekehrt, in Zeilen oder in Spalten. Es gab bereits im Alten Reich eine kursive Schreibform, Hieratisch genannt, bei der die Zeichen stärker abstrahiert wurden. Damit ließen sich profane Texte und Entwürfe schnell zu Papyrus bringen. Das Hieratische wurde zunehmend flüchtiger und erreichte seine knappste Ausformung im Demotischen der Spät- und Ptolemäerzeit. Seit dem 4. Jh. n. Chr. verbreitete sich mit dem Christentum das Koptische, bei dem die ägyptische Sprache mittels des griechischen Alphabets geschrieben wurde. Die letzte hieroglyphische Inschrift stammt aus dem Jahr 394 n. Chr.; danach schwiegen die „heiligen Zeichen" für über 1400 Jahre, ehe Jean François Champollion sie 1822 wieder zum Sprechen brachte.

Gegenüber: Der Luxortempel, dessen heutiges Erscheinungsbild maßgeblich von den Anlagen Amenophis' III. und Ramses' II. geprägt wird, geht auf ältere Vorgängerbauten des Mittleren Reichs zurück. Der Tempel diente als Stätte zur Abhaltung des alljährlichen Opetfests, bei dem die Kultbilder der thebanischen Triade von Karnak zum Luxortempel getragen wurden. Im Rahmen dieses Fests sollten sich der Gott und die Schöpfung zyklisch erneuern.

Oben: Einer der beiden Memnonskolosse. Das gewaltige Statuenpaar Amenophis' III. flankiert den Eingang des heute fast gänzlich verschwundenen Totentempels des Königs in Theben-West. Mit einer Höhe von etwa 18 m vermitteln die Kolosse noch heute eine Vorstellung von der einstigen Monumentalität der wohl größten Tempelanlage, die je für einen einzelnen König errichtet wurde. Neben den Beinen des Königs stehen seine Gemahlin und seine Mutter.

Gegenüber: Statuette des Amun aus dem Tempel des Gottes in Karnak. Wie auch anderen Göttern waren Amun Attributtiere zugeordnet, unter ihnen der Widder – ein Tier mit ausgesprochen potenten und kämpferischen Zügen. Meist wurde Amun jedoch menschengestaltig dargestellt.

Oben: Das Grabrelief aus der ausgehenden 18. Dynastie aus Sakkara zeigt eine elegante Gabenbringerin.

Rechts: Ausschnitt eines Reliefs aus der „Roten Kapelle" der Hatschepsut in Karnak. Dargestellt ist die Szene eines Götterfests; zur Musik eines Harfners, dem Rasseln von Sistren und begleitet von rhythmischem Klatschen führen junge Frauen akrobatische Tänze vor. Musik und Tanz dienten naturgemäß der Unterhaltung der Menschen, trugen im Umfeld religiöser Feste und Prozessionen zu Ehren eines Gottes jedoch stark rituelle Züge.

Oben: Relief aus dem Erweiterungsbau Ramses' II. im Luxortempel, das zur Darstellung einer feierlichen Prozession anlässlich des Opetfests gehört. Ein weiteres glanzvolles Ereignis war das „Fest vom schönen Wüstental", bei dem die Kultbilder des Amun und seiner Götterfamilie in prächtigen Prozessionsbarken den Karnaktempel verließen, um auf das Westufer des Nils überzusetzen und die Tempel in Deir el-Bahari zu besuchen.

Links: Bemalter Reliefblock aus Karnak

Gegenüber: Kopf einer Kolossalstatue Ramses' II., des dritten Königs der 19. Dynastie. Während seiner ungewöhnlich langen Regierungszeit von 67 Jahren trat dieser Pharao im ganzen Land als großer Bauherr in Erscheinung. In Theben-West liegt sein berühmter Totentempel, das Ramesseum, in Nubien erheben sich die majestätischen Felsentempel von Abu Simbel. Ramses II. veranlasste auch die Erweiterung des Luxortempels um einen großen Hof mit gewaltigem Eingangspylon. Von den ehemals sechs davor aufgestellten Kolossalfiguren sind die beiden Sitzstatuen beiderseits des Eingangs, eine Standstatue sowie dieser Statuenkopf aus dunklem Granit erhalten.

Links: Die Hieroglyphe in Gestalt eines Schopfibisses mit dem Lautwert „ach" bezeichnet als Logogramm ein Geistwesen, im Besonderen eine ewige Daseinsform des verklärten Toten im Jenseits. Der Ach-Geist entstand jedoch erst bei erfolgreicher Wiedervereinigung von Ba und Ka, zwei weiteren Bestandteilen der Persönlichkeit eines Menschen, nach dessen Tod. Diesem Zweck dienten verschiedene Begräbnisrituale und -sprüche.

Gegenüber: Die Göttin Seschat, „Herrin der Schrift und Herrin der Gottesworte", legt auf einer stilisierten Jahresrispe die Regierungsdauer des Pharaos fest. Als Göttin der Rechenkunst ist sie auch bei der Tempelgründung zugegen, wenn deren Bauplatz abgesteckt wird, oder sie verzeichnet Tribute, die den Göttern dargebracht werden. Die Göttin tritt dabei stets in funktionalem Kontext auf und gehört weniger zu den Gottheiten der persönlichen Frömmigkeit.

Unten: Ausschnitt der Königsliste Ramses' II. aus dessen Tempel in Abydos, heute im British Museum. Die Liste, die kaum von derjenigen im benachbarten Tempel seines Vaters Sethos I. abweicht, umfasste einst 78 Namen früherer Könige. Insgesamt haben sich vier Königslisten des Neuen Reichs an Tempelwänden erhalten. Sie sollten die Vorfahrenkönige an den Opfern des regierenden Pharaos teilhaben lassen und dessen Legitimität erhöhen.

Oben: Eine lange Sphingenallee verband Karnak mit dem Tempel von Luxor. Als man in der Spätzeit den Karnaktempel um einen Hof und einen großen Pylon nach vorn erweiterte, standen einige der bis an den alten Eingang heranreichenden Sphingen dabei im Weg und wurden dicht gedrängt zu beiden Seiten des neuen Hofes deponiert. Das Gehörn der widderköpfigen Sphingen ist das typische Kennzeichen des Amun-Widders – die heiligen Widder anderer Götter besitzen gedrehte, horizontal ausladende Hörner. Jeder Sphinx schützt eine vor ihm stehende mumiengestaltige Figur des Königs.

Gegenüber: Inschrift mit Namenskartusche Ramses' II. aus dem Luxortempel. Neben religiösen Texten ließ Ramses II. im Luxortempel auch Darstellungen und einen umfangreichen Text zur berühmten Schlacht von Kadesch anbringen. Er berichtet vom Hergang der Schlacht nahe der Stadt Kadesch im heutigen Syrien, bei der die Ägypter in einen Hinterhalt der gegnerischen Hethiter gerieten und nur knapp einer Niederlage entgingen. Jahre später schloss Ramses II. einen Friedensvertrag mit den ehemaligen Feinden und heiratete zwei Töchter des hethitischen Königs.

Oben: Der Terrassentempel der Königin Hatschepsut in Deir el-Bahari gehört zweifellos zu den beeindruckendsten Bauwerken des alten Ägypten. Die vollständig aus feinem Kalkstein errichtete Anlage fügt sich harmonisch in die Naturkulisse der steilen Felswände des Talkessels ein und orientiert sich an dem benachbarten, heute nahezu gänzlich verschwundenen Totentempel Mentuhoteps II. aus dem Mittleren Reich. Die Fronten der wuchtigen Terrassenbauten bilden breite Pfeilerhallen; zwei sanft ansteigende Rampen erlaubten es den Prozessionszügen beim „Fest vom schönen Wüstental", bis ins Allerheiligste des Tempels vorzudringen. Die Reliefs des Totentempels der Hatschepsut berichten von einer Expedition in das Weihrauchland Punt sowie von Transport und Aufrichtung zweier gewaltiger Obelisken der Königin im Karnaktempel. Zwei Nebenheiligtümer sind Hathor und Anubis geweiht.

Oben: Block von der Decke eines ptolemäischen Heiligtums im Süden der Nilinsel Elephantine bei Assuan. Hauptgott von Elephantine und des ganzen umliegenden Kataraktgebietes war der widderköpfige Schöpfergott Chnum, dem die Göttin Satet als Gemahlin zur Seite stand. Beide Gottheiten besaßen auf der Insel eigene Heiligtümer, von denen dasjenige des Chnum heute stark zerstört ist, während der kleinere Tempel der Göttin Satet aus dem Neuen Reich in jüngerer Zeit teilweise rekonstruiert werden konnte. Bereits seit frühdynastischer Zeit existierten hier Kulte für beide Götter, die mit der Nilüberschwemmung in Zusammenhang standen. Aus der 30. Dynastie hat sich ein Nilometer erhalten, um den Wasserstand zu messen; ein Anstieg zur Überschwemmungszeit um 8 m versprach gute Ernten, 7 m bedeuteten bereits knappen Ertrag und 6 m Hungersnöte, sobald die Vorräte erschöpft waren.

Rechts: Die monumentale Reliefszene aus dem Totentempel Ramses' III. in Medinet Habu zeigt den König, wie er den Göttern Gefangene aus den Seevölkerkriegen präsentiert. In seinem 8. Regierungsjahr kam es zu kriegerischen Auseinandersetzungen mit den Seevölkern, einem Verbund verschiedener Ethnien des nordöstlichen Mittelmeerraums. Ramses III. konnte ihre Invasion ins Delta erfolgreich zurückschlagen und stellte sich den Göttern auf den Wänden seines Totentempels daraufhin als Sieger vor. Es gehörte zur Aufgabe eines jeden Königs, die göttliche Weltordnung, ägypt. „maat", aufrechtzuerhalten. Diese Aufgabe brachte es mit sich, dass der Pharao zugleich als oberster Priester und oberster weltlicher Herrscher galt.

Rechts: Detail eines Reliefblocks mit der Hand Amenophis' IV. Echnaton oder seiner Gemahlin Nofretete. Die laszive Haltung und die schlanken, grazilen Finger sind typische Merkmale der frühen Phase der Amarnakunst. Bereits in den ersten Jahren seiner Regierung begann der König in Karnak mit der Errichtung eines neuen Atontempels in unmittelbarer Nähe zum Tempel des Amun und seiner einflussreichen Priesterschaft. Dies war der Beginn einer neuen religiösen Ordnung.

Gegenüber: Kopf einer Kolossalstatue Amenophis' IV. Echnaton aus dem Atontempel in Karnak-Ost. Die expressiven Gesichtszüge sind eine Eigenheit des Statuenprogramms im neuen Atontempel, der den programmatischen Namen Gem-pa-Aton, „Aton ist gefunden", trägt. Der König gab nicht nur der Religion, sondern auch seinen eigenen Statuen buchstäblich ein neues Gesicht.

Der Ketzer-König

Schon während der Regierung Amenophis' III. spielte der Sonnenkult eine immer prominentere Rolle, insbesondere die Erscheinungsform des Sonnengottes am Firmament als Aton – in erster Linie eine Verkörperung des Lichts und der Strahlkraft des Gottes Re. Diese Entwicklung hatte zur Folge, dass mit der zunehmenden Bedeutung des Sonnengottes die der anderen Götter schwand, deren Eigenschaften nun vom Sonnengott assimiliert wurden. Davon war auch der Gott Amun betroffen, der als Amun-Re zwar selbst mit dem Sonnengott verbunden war, seine uneingeschränkte Vormachtstellung jedoch rasch einbüßte.

Amenophis III. und dessen Hof förderten offenbar den Kult um Aton u.a. im Hinblick auf die Stärkung des Königtums, denn der neue Kult brachte die Schaffung neuer, einflussreicher Ämter mit sich. Unter dem Sohn und Nachfolger Amenophis' III. erreichte der Atonkult seinen absoluten Höhepunkt. Aton wurde über alle anderen Götter erhoben, der Gott Amun verfemt, der Kult für die alten Götter eingestellt und deren Tempel geschlossen. Amenophis IV. änderte in seinem 6. Regierungsjahr seinen Eigennamen in Echnaton, „Glanz des Aton". Der Hofstaat verließ Theben und zog in die neue Residenzstadt Achet-Aton, „Horizont des Aton", nahe dem modernen Tell el-Amarna in Mittelägypten.

Die neue Religion sollte jedoch nicht lange währen, und so wurde bereits unter Tutanchamun das „Experiment Amarna" wieder aufgegeben. Echnaton selbst fiel einer Damnatio memoriae anheim.

Links: Die unvollendet gebliebene Statuette stellt Amenophis IV. Echnaton dar, wie er eine seiner Töchter küsst – eine für die Amarnazeit typische Familienszene. Gemeinsam mit seiner Gemahlin, der berühmten Nofretete, hatte dieser Herrscher sechs Töchter.

Gegenüber: Detail einer Stele aus Echnatons neuer Residenzstadt Achet-Aton, „Horizont des Aton", nahe dem modernen Tell el-Amarna. Unter den Strahlen des Gottes Aton thront Nofretete mit zwei Töchtern auf dem Schoß, während Echnaton einer dritten Tochter einen Prunkohrring überreicht. Hinter den vermeintlich idyllischen Familienszenen der Amarnazeit verbirgt sich ein neues Königsdogma, das die Herrscherfamilie analog zu den traditionellen Götterfamilien präsentiert.

Geburt und Kinder

Schwangerschaft und Geburt waren aufgrund der zahlreichen Gefahren für Mutter und Kind von Ritualen und Beschwörungen begleitet. Um festzustellen, ob eine Schwangerschaft bestand, urinierten die Frauen auf Getreidekeime von Gerste und Emmer. Wuchs Gerste, verhieß dies die Geburt eines Jungen, wuchs Emmer, war die Geburt eines Mädchens zu erwarten. Gedieh das Getreide nicht, war die Frau auch nicht schwanger. Moderne Untersuchungen ergaben tatsächlich, dass sich mithilfe dieser Methode eine Schwangerschaft prognostizieren, nicht jedoch das Geschlecht des Kindes bestimmen lässt.

Die Zahl der Totgeburten und die Kindersterblichkeit waren sehr hoch. Zudem starben viele Mütter bei der Geburt, und so verwundert es nicht, dass die Wochenlauben, in denen die Schwangeren entbanden, mit Darstellungen der Schutzgottheiten von Schwangeren und Gebärenden, Bes und Thoëris, geschmückt waren. Talismane und elfenbeinerne Zaubermesser sollten vor Dämonen schützen. Während der Geburt selbst rief man zahlreiche Gottheiten, unter ihnen Hathor, Isis und Nephthys, um Hilfe an. Die Frauen brachten ihre Kinder am Boden oder auf Gebärziegeln hockend zur Welt. Angeblich ließen sich aus dem Tag der Geburt Rückschlüsse auf das Lebensschicksal des Neugeborenen ziehen. So gab es Glück und Unglück bringende Tage, solche, die ein langes Leben verhießen, und andere, die einen frühen Tod oder sogar die Todesursache vorhersagten. Die Kindheit erstreckte sich auf die ersten zehn Lebensjahre. Im Verlauf der folgenden zehn Jahre erlernten die Jungen einen Beruf, um eigenständig zu werden und eine Familie gründen zu können. So heirateten Männer im Alter von etwa 20 Jahren, Mädchen nach der Pubertät.

Oben: Dieses Detail eines Reliefblocks hat trotz der Zerstörungen eine anmutige Familienszene bewahrt: Nofretete wird von einer ihrer Töchter zärtlich geküsst. Charakteristisch für die Kunst der Amarnazeit ist die starke Stilisierung der Kopfform, insbesondere bei den Prinzessinnen; dennoch wirken die Proportionen insgesamt harmonisch und ausgewogen. Von den sechs Töchtern Echnatons und Nofretetes starb die zweitälteste Tochter Maketaton noch vor ihren Eltern.

Gegenüber: Unfertig gebliebener Quarzitkopf einer Statue der Nofretete aus der Werkstatt eines Bildhauers in Amarna. Bei Ausgrabungen in der verlassenen Residenzstadt Echnatons stieß ein Team der Egypt Exploration Society 1932 auf den unfertigen Kopf der Königin Nofretete. Linien an Stirn, Augen und Augenbrauen geben die weiteren, nicht mehr begonnenen Arbeitsschritte an. Am Hinterkopf wäre zum Schluss ein separater, aus einem anderen Material gefertigter Kronenaufsatz befestigt worden.

Gegenüber: Diese Büste der Nofretete ist neben der Goldmaske des Tutanchamun das wohl bekannteste und berühmteste Werk ägyptischer Kunst. Sie wurde am 6. Dezember 1912 bei Grabungen in der Werkstatt des Bildhauers Thutmosis von dem deutschen Ägyptologen Ludwig Borchardt entdeckt. Das Bildnis strahlt trotz des nicht zur Ausführung gelangten linken Auges zeitlose Schönheit und Eleganz aus. Nofretete trägt die für sie typische hohe Krone, die keine Königin nach ihr je wieder getragen hat und die ihre außergewöhnliche Stellung zum Ausdruck brachte.

Rechts: Zu den täglichen Ritualen des Atonkults gehörten Opfergaben an den Gott, die unter freiem Himmel in den großen Heiligtümern Amarnas dargebracht wurden. Auf Reliefs erscheint dabei stets das Königspaar, das die Opferhandlungen persönlich vollzieht. Der Ausschnitt zeigt die Darbringung eines Olivenzweigs an Aton, dessen Strahlenhände die Gabe berühren. Die Beischriften zur Szene wurden in der Nach-Amarnazeit getilgt, wie oben rechts noch zu erkennen ist.

Die Kunst der Amarnazeit

Echnatons Entschlossenheit, mit der Tradition und althergebrachten Konventionen zu brechen, lässt sich deutlich am künstlerischen Schaffen der Amarnazeit ablesen. Noch vor dem Umzug in die neue Residenz nahe Amarna hatte der König offenbar persönlich einen neuen Darstellungstypus seiner selbst, der Angehörigen des Königshauses, ja sogar der Natur und aller darin lebenden Geschöpfe entworfen. Der Bildhauer Bak sagt in einer Inschrift, er sei „einer, den seine Majestät selbst unterwiesen hat".

Tatsächlich zeichnet sich der neue Stil durch eine nie gekannte Radikalität aus. Der König erscheint auf Bildnissen nicht mehr dem athletischen Ideal entsprechend, sondern ganz im Gegenteil mit dünnen Armen, überlangen Fingern, schmalem Gesicht, breiten Hüften und dicklichem Bauch. Es wurde über mögliche Krankheiten und über das tatsächliche Aussehen Echnatons viel spekuliert. Fest steht nur, dass der veränderte Stil das neue religiöse Dogma auch in der Kunst zum Ausdruck bringen sollte.

In diesem Kontext sind auch die familiären Szenen des Königs mit seiner Gemahlin Nofretete und ihren Töchtern zu sehen, die das Herrscherpaar zusammen mit Aton als göttliche Triade präsentieren. Der Gott selbst erscheint dabei als am Himmel schwebender Sonnenball, von dem Strahlenhände ausgehen, die allein dem König und seiner Familie das Lebenszeichen an die Nase halten.

Diese Darstellungsweise formuliert bildlich den exklusiven Anspruch der neuen Religion als eine rein königliche; dem Volk wurde die segnende Kraft des Gottes nur durch Echnaton und seine Familie zuteil.

Oben: Der Ausschnitt eines Reliefblocks zeigt die Experimentierfreudigkeit der Bildhauer in Amarna. Entsprechend der gängigen Konvention ägyptischer Kunst wurden Gesichter, Hände und Füße im Vollprofil, der Oberkörper hingegen im Halbprofil dargestellt. Bei dieser Darstellung zweier Prinzessinnen hat der Künstler den Oberkörper der älteren jedoch in der Frontalen wiedergegeben, was der Figur eine besondere Präsenz innerhalb der Szene verleiht.

Gegenüber: Kopf einer Prinzessin aus braunem Quarzit. Der Kopf war ursprünglich dazu bestimmt, mittels eines Zapfens am Hals mit einem Statuenkörper verbunden zu werden, blieb jedoch unvollendet. Für die Aussparungen an Augen und Augenbrauen waren farbige Einlagen vorgesehen. Den Töchtern Echnatons und Nofretetes kam eine bedeutende Rolle im neuen religiösen Gefüge zu, waren sie doch Sinnbilder der Fruchtbarkeit des Königspaares.

Links: Das Miniaturgefäß aus feinem Kalzitalabaster gehört zu den absoluten Meisterwerken ägyptischer Steinschneidekunst. Es ist auf einer Seite mit Einlagen aus Karneol und Glas verziert, die eine nackte Prinzessin über einer geöffneten Lotusblüte zeigen. Ihre Haltung suggeriert einen Präsentationsgestus, das Symbol des Lotus Verjüngung und Regeneration, weshalb es sich bei dem Objekt wohl um die Grabbeigabe für eine Prinzessin handelt.

Unten: Relieffragment eines Amarnaherrschers. Der lange, gebogene Hals und die Betonung des Schlüsselbeins sind stilistische Eigenheiten der frühen Amarnakunst, die von den nachfolgenden Pharaonen schnell aufgegeben wurde. Nach der etwa 16-jährigen Regierungszeit Echnatons kam es zu Thronwirren, aus denen ein gewisser Semenchkare für kurze Zeit als Pharao hervorging, bevor der junge Tutanchamun den Thron bestieg. Über die Person des Semenchkare ist außer seinem Namen kaum etwas bekannt; bislang sind keine eindeutig ihm zuzuweisenden Bildnisse aufgetaucht. Aufgrund seines Eigennamens, der nach dem Namen der Nofretete gebildet ist, vermuten einige Forscher, es handele sich bei Semenchkare um niemand anderen als die berühmte Königin selbst, die ihrem Gemahl für kurze Zeit auf den Thron folgte, doch ist diese Theorie heftig bestritten worden.

Oben: Die kleine Elfenbein-Intarsie aus der Amarnazeit zeigt eine Prinzessin, die Weintrauben und Lotus pflückt.

Oben: Nofretete bringt Aton ein Paar Kartuschen mit seinem Gottesnamen dar. Wie keine Königin vor ihr nimmt Nofretete aktiv an kultischen Handlungen und offiziellen Auftritten des Königs teil. Sie ist im religiösen Gefüge von Amarna das weibliche Pendant zu Echnaton und damit die mächtigste Königsgemahlin aller Zeiten. Derart eng mit Echnaton verbunden, erlitt sie das gleiche Schicksal wie ihr Gemahl und fiel in späterer Zeit der Ächtung anheim.

Rechts: Relief mit der Darstellung eines Mitglieds der Königsfamilie von Amarna, dem der Sonnengott Aton ein Lebenszeichen reicht

Gegenüber: Das Relieffragment zeigt Schreiber, die – in der für Beamte während der Amarnazeit typisch devoten Haltung – eifrig Texte oder Listen aufzeichnen. Die Schließung der anderen Göttertempel mit ihren Verwaltungen hatte mit Sicherheit negative Auswirkungen auf die Wirtschaftskraft des Landes.

Handel

Die Wirtschaft Ägyptens, das zu den reichsten Ländern des Altertums zählte, basierte bis in die Spätzeit auf Tauschhandel. Dies galt sowohl für die Außen- als auch für die Binnenwirtschaft. Löhne wurden in Form normierter Getreiderationen ausgezahlt, und auch Steuern beglich man in Naturalien. Dabei lag der Mengenbemessung ein fester Silber- bzw. Kupferkurs zugrunde. Zum Abwiegen nutzte man Gegengewichte aus Stein. Im Neuen Reich verwendete man auch tierförmige Bronzegewichte zum Abwiegen von Gold.

Da Holz in Ägypten Mangelware war, importierte man Zedernholz aus dem Libanon. Auch die Einfuhr von Luxusgütern wie Lapislazuli aus Afghanistan, Ebenholz und Elfenbein aus Zentralafrika, Silber und Bronze aus Syrien und ölhaltigen Substanzen aus Zypern bzw. Kreta erfreute sich größter Beliebtheit. Im Gegenzug tauschte man Gold. Während der Zeiten ebenso erfolgreicher wie intensiver Außenpolitik florierte darüber hinaus der Austausch diplomatischer Geschenke zwischen dem ägyptischen Hof und Königshäusern des Vorderen Orients.

Münzgeld – wie es in Griechenland bereits im 8./7. Jh. v. Chr. eingeführt worden war – kam in Ägypten erst zu Anfang des 4. Jh.s v. Chr. auf; zunächst als Bezahlung griechischer Söldner, seit Alexander dem Großen als allgemeines Zahlungsmittel.

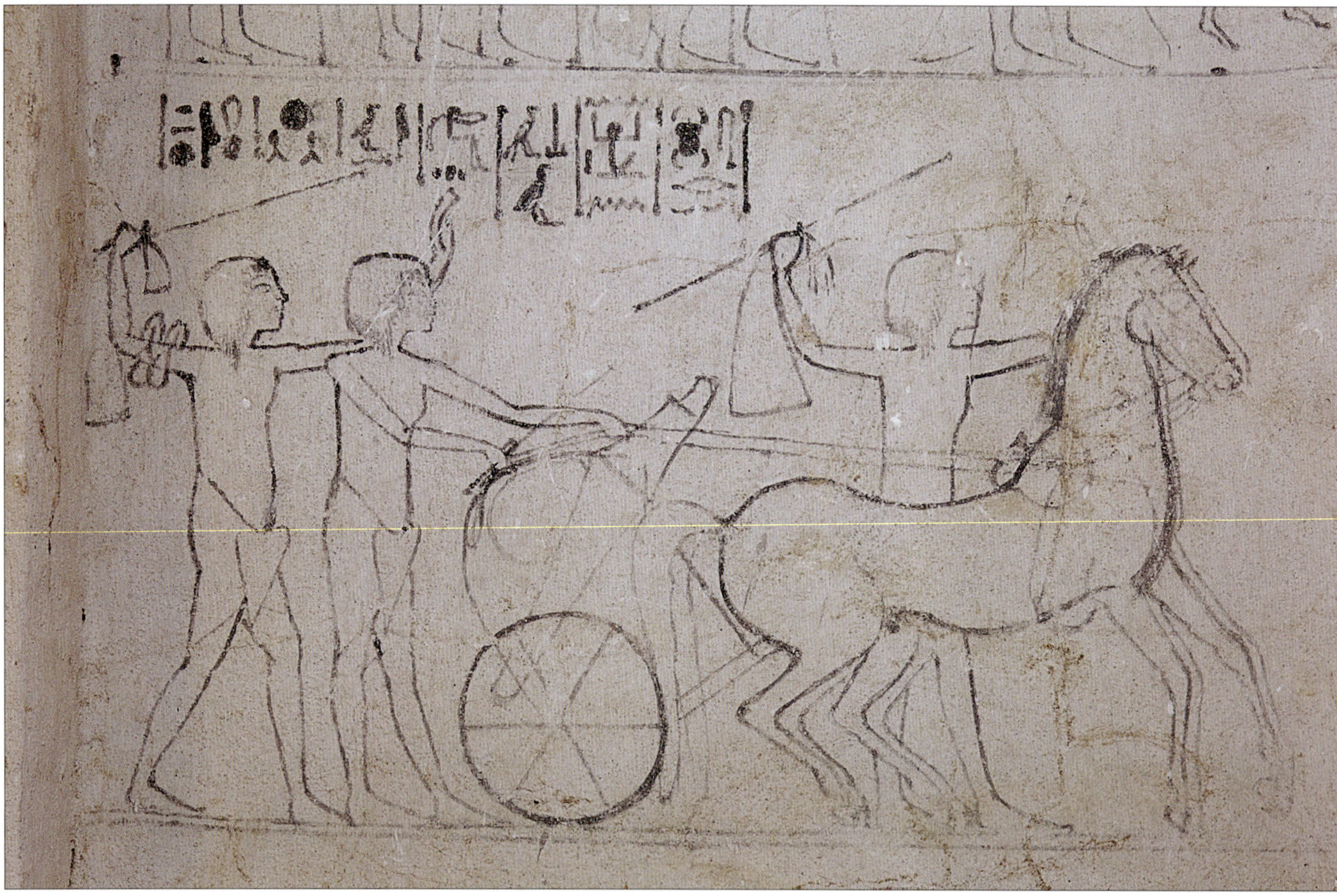

Militär und Bewaffnung

Im Lauf ihrer 3000-jährigen Geschichte konnten die alten Ägypter immer wieder ihre Unabhängigkeit behaupten. Diesen Erfolg verdankten sie zum einen ihrer militärischen Geschicklichkeit, zum anderen spielte dabei sicherlich die Geografie Ägyptens eine große Rolle, denn das Land war umgeben von Wüste, die plötzliche Angriffe erschwerte. Diese natürliche Barriere wurde in strategisch wichtigen Regionen durch eine Vielzahl von Festungen verstärkt, die einen nahezu undurchdringlichen Schutzwall bildeten.

Die von den Hyksos geprägte Zweite Zwischenzeit, deren Vorfahren seit dem ausgehenden Mittleren Reich als Immigranten aus dem palästinensischen Raum ins Delta gekommen waren, brachte schließlich entscheidende Neuerungen im Militärwesen.

Um den militärisch überlegenen Hyksos technologisch gewachsen zu sein, passten sich die Fürsten in Oberägypten nach und nach deren Strategien und Kampftechniken an. Mit der Zeit traten daher neben herkömmliche ägyptische Waffen wie Dolch, Speer, Axt, Pfeil und Bogen hoch entwickelte Spezialwaffen. Ihr Gebrauch erforderte ein längeres Training, ehe man sie zielgenau zum Einsatz bringen konnte. Zu derartigen herausragenden Spezialwaffen gehörten beispielsweise der Kompositbogen sowie der Streitwagen, als neue Verteidigungswaffen setzte man Panzerhemden und Helme ein. Die Hyksos veränderten nicht nur nachhaltig das im Neuen Reich auf aggressive Expansion angelegte außenpolitische Verhalten der Ägypter, sondern auch die Struktur des ägyptischen Heeres. Dieses verfügte nun zunehmend über Spezial- und Elitetruppen wie die Streitwagenmannschaften und erforderte eine kompetente strategische Führung und Logistik.

Wer sich als Soldat im Kampf auszeichnete, wurde mit Orden – etwa in Form von goldenen Fliegenanhängern – für Ausdauer und Tapferkeit belohnt. Einstige Kriegsgefangene, die man allmählich in die Armee integriert hatte, konnten im Heer Karriere machen und sogar ihre Freiheit erwirken.

Gegenüber: Vorzeichnung aus dem Grab des Mahu in Amarna mit der Darstellung eines Pferdegespanns

Oben: Malerei auf dem Deckel einer Truhe aus dem Grab des Tutanchamun. Sie zeigt den jungen Pharao bei der Jagd auf Wüstentiere. Pferdegespanne wie das Tutanchamuns tauchten in Ägypten erst im Lauf der Zweiten Zwischenzeit um 1650–1550 v. Chr. auf. Als bewegliche Plattformen, von der aus die Bogenschützen ihre Pfeile abschießen konnten, gewannen die Gespanne nicht nur bei der Jagd, sondern auch beim Militär schnell an Bedeutung. Die Soldaten der Streitwagentruppe bildeten eine Elite innerhalb des Heeres und genossen hohes Ansehen.

Rechts: Relief aus dem Grab des Mahu in Amarna. Mahu war der Polizeichef der neuen Residenzstadt und steht zusammen mit einem Wagenlenker in einem doppelspännigen Streitwagen. Pferdegespanne gehörten den Tempel- und Grabdarstellungen zufolge in Amarna auch für das Herrscherpaar zu den wichtigsten Fortbewegungsmitteln, so etwa wenn sich Echnaton und Nofretete unter strenger Bewachung ihrer Schutzpolizei in feierlicher Ausfahrt vom Palast zum Atontempel begaben.

Das Tal der Könige

Nach der Zweiten Zwischenzeit folgte mit Beginn des Neuen Reichs eine erneute Phase der Konsolidierung, und Theben wurde das religiöse sowie politische Zentrum des Landes. Unweit dieser neuen, etwa 5 km vom Nil entfernt im thebanischen Westgebirge gelegenen Hauptstadt entstand eine große königliche Nekropole – das Tal der Könige. Dort ließen sich im Lauf der folgenden Jahrhunderte die Herrscher der 18. bis 20. Dynastie – von Thutmosis I. bis Ramses XI. – in tiefen Gräbern am Fuß der felsigen Steilhänge bestatten.

Die Wahl dieser Grabform hatte rein pragmatische Gründe, denn weder die monumentalen Pyramiden des Alten Reichs noch die mit komplizierten Gangsystemen ausgestatteten Pyramiden des Mittleren Reichs waren von Plünderungen der königlichen Ruhestätten durch Grabräuber verschont geblieben. Daher setzte man nun auf weniger aufwändige Grabanlagen, die tief in das anstehende Gestein geschlagen wurden. Die dafür benötigten Arbeitskräfte – Arbeiter, Handwerker und Künstler sowie deren Familien – siedelte man nahe dem Tal der Könige in der Handwerkerstadt Deir el-Medineh an.

Dienten anfangs noch kleine, tief in den Fels geschlagene Kammern als Gräber, so wurden die Anlagen später wesentlich größer. Es entstanden lange, bis zu 4 m hohe Korridore, die in Kammersystemen und Pfeilerhallen endeten. Die zumeist auf Putz aufgemalten Wanddekorationen zeigten farbenprächtige Darstellungen und Texte zum Jenseitsglauben. Dass auch die neuen Felsgräber die Plündereien letztendlich nicht verhindern konnten, dokumentieren aus dem späten Neuen Reich erhaltene Gerichtsakten zu Grabräuberprozessen. Aktuelle Forschungsergebnisse legen zudem die Vermutung nahe, dass der Hohepriester Pianchi in der Dritten Zwischenzeit die Gräber zur Finanzierung eines oberägyptischen Kleinkriegs „offiziell" ausräumen ließ. Viele Königsmumien wurden in dieser Zeit gesammelt und in andere Gräber provisorisch umgebettet. Diese „Cachettes" (Mumienverstecke) entdeckte man im späten 19. Jh.

Von den Gräbern getrennt, erhoben sich am Wüstenrand von Theben-West die Totentempel der Könige. Sie übernahmen die Kultfunktion der Pyramidentempel des Alten und des Mittleren Reichs.

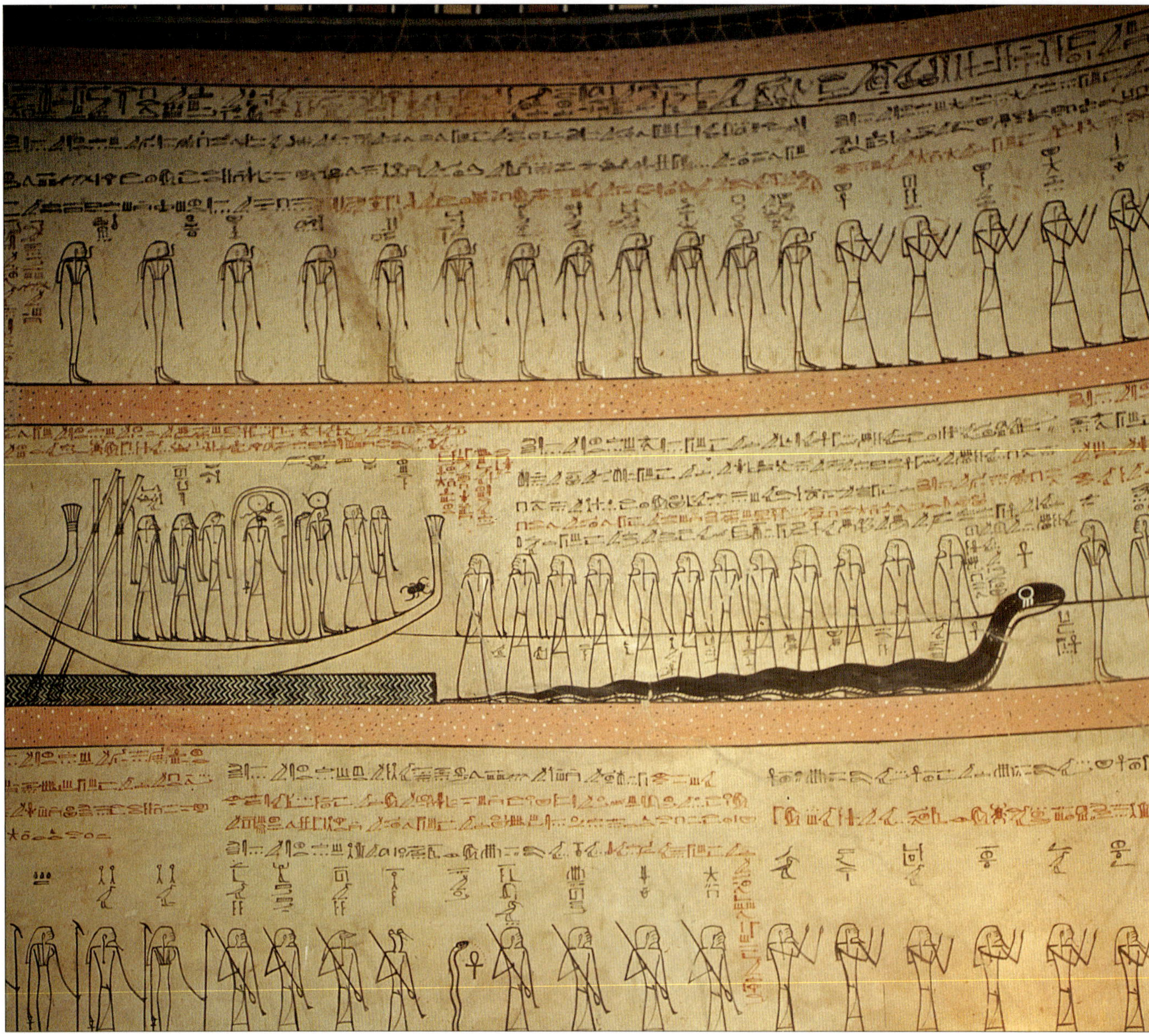

Oben: Wandmalerei aus dem Grab Thutmosis' III. im Tal der Könige. Die flüchtigen Strichzeichnungen und kursiven Hieroglyphen orientieren sich an Papyrusvorlagen; sie sind dem Amduat entnommen, einer Schrift von „dem, was in der Unterwelt ist". In Wort und Bild werden darin die nächtliche Reise des Sonnengottes durch die Unterwelt und seine Neugeburt in Gestalt des Chepre am nächsten Morgen geschildert. Zu sehen ist die zwölfte Stunde der Nacht, in welcher der Sonnengott in der Barke stehend seinem morgendlichen Aufgang entgegengezogen wird. Der verstorbene König wollte sich mittels des Amduat wie die Sonne ewig regenerieren.

Gegenüber: Der Ausschnitt aus der Dekoration des Vorraums zur Sargkammer im Grab Thutmosis' IV. zeigt den König, wie er von Hathor, der Schutzgöttin der thebanischen Nekropole, im Jenseits empfangen wird. Dabei umarmt ihn die Göttin und reicht ihm ein Lebenszeichen an die Nase, das Symbol für das ewige Leben des verstorbenen Pharaos im Kreise der Götter. Thutmosis IV., ein Sohn Amenophis' II., war eventuell nicht der vorgesehene Thronfolger. Er berichtet, wie ihm der große Sphinx von Giza im Traum die Königswürde versprach, wenn er ihn von Sand befreie. Er führte den Wunsch aus und bestieg um 1400 v. Chr. den Thron.

Oben: Dieser ausdrucksstarke Kopf gehörte einst zu einer Figur der Königin Teje, der Hauptgemahlin Amenophis' III. und Mutter Echnatons. Teje entstammte nicht dem familiären Umkreis des Herrschers, und die Heirat mit ihr erscheint aus heutiger Sicht als Bruch mit der Tradition. Teje wurde bald zur einflussreichsten Frau bei Hof und erscheint auf Darstellungen in herausgehobener Position direkt hinter ihrem Gemahl. Ihre machtvolle Stellung lässt darauf schließen, dass sie auch an der Einführung des Atonkults beteiligt war, den Amenophis III. gegen Ende seiner Regierung besonders förderte.

Gegenüber: Mumifizierter Kopf des Neb-iri, des Vorstehers der königlichen Stallungen unter der Regierung Thutmosis' III. Neb-iri erhielt ein Grab im Tal der Königinnen, das im Zug der dortigen Ausgrabungen 1903 bis 1905 unter der Leitung Ernesto Schiaparellis entdeckt wurde.

Die Mumifizierung

In prädynastischer Zeit bestatteten die Ägypter ihre Toten in Grabmulden in der Wüste. Unter guten klimatischen Bedingungen trockneten die Leichen aus und konservierten sich so auf natürliche Weise. Wurden Grabstätten durch wilde Tiere oder Sandstürme freigelegt, beobachteten die Ägypter den zwar ausgetrockneten, ansonsten aber guten Erhaltungszustand ihrer Toten. Der Erhalt des Körpers wurde ein Bestandteil des Jenseitsglaubens, in dem der Leichnam als zukünftige Heimstätte für die im Tod freigesetzte Seele eine zunehmend wichtige Rolle spielte. Als die Beisetzung jedoch schließlich in Holzsärgen, Steinsarkophagen und Steingräbern erfolgte, musste man für den künstlichen Erhalt der Leiche sorgen.

Ein erster bedeutender Schritt war die Entfernung der inneren Organe (Darm, Leber, Lunge, Magen), die man von nun an separat in vier Kanopengefäßen bestattete. Auch das Gehirn wurde entfernt. War die Mumifizierung zunächst noch ein Privileg der Königsfamilie und der Elite, kamen ab dem ausgehenden Alten Reich auch andere Schichten wie die Priester und Beamten in ihren Genuss.

Zur Austrocknung des Toten verwendeten die Balsamierer Natronsalz, das sie in Säckchen um den Körper packten. Erst in der Spätzeit erfolgte ein mehrwöchiges Bad in einer Natronlauge, das auch Herodot im 4. Jh. v. Chr. beschrieb. Anschließend umwickelte man den Leichnam mit bis zu 400 m langen, mit Ölen und Harzen getränkten Leinenbinden. Zwischen die Leinenlagen wurden Amulette zum Schutz des Körpers im Jenseits gelegt. Am Ende der 40–70 Tage dauernden Prozedur standen die Mundöffnungszeremonie zur Beseelung und Belebung des Toten, anschließend die Bestattung der Mumie im dafür vorbereiteten Grab.

Die Bezeichnung „Mumie" stammt aus dem Persischen und bedeutet Erdpech. Dieser Stoff kam bereits früh als Heilmittel zum Einsatz. Aufgrund der Seltenheit des Erdpechs suchten Ärzte im Mittelalter Ersatzmittel und glaubten, sie in den harzigen Substanzen der Körperhöhlen einbalsamierter Leichen zu finden.

Carters Entdeckung

Im Jahr 1907 begann Lord Carnarvon, der sich nach einem schweren Autounfall zur Rekonvaleszenz in Ägypten aufhielt, als interessierter Laie mit ersten Ausgrabungen. Bald darauf lernte er den erfahrenen Howard Carter kennen, mit dem er ab 1909 verschiedene Projekte in Angriff nahm. Während Howard Carter in der Regel vor Ort arbeitete, beschränkte sich Lord Carnarvon auf sporadische Besuche und die Finanzierung der Unternehmungen.

Die von Carter initiierte Suche nach dem Grab Tutanchamuns konnte offiziell erst im Jahr 1915 beginnen, als der Amerikaner Theodore Davis seine Grabungskonzession für das Tal der Könige zurückgab, da er glaubte, dass dort nichts mehr zu finden sei. Nach umfassenden Vorbereitungen begann Carter 1917 mit seiner mehrjährigen systematischen Arbeit im Tal der Könige.

Nach langer, erfolgloser Suche entschied Lord Carnarvon 1921, das Projekt Tutanchamun abzubrechen, doch es gelang Carter, ihn von einem letzten Versuch zu überzeugen. Am 4. November 1922 entdeckte er schließlich eine in den Fels geschlagene Treppenstufe unterhalb des Eingangs zum Grab Ramses' VI., die tatsächlich zu einem Grabeingang führen sollte. Carnarvon wurde per Telegramm schnellstens über das Ereignis informiert und traf daraufhin am 23. November in Ägypten ein.

Die Spannung stieg, als in den folgenden Tagen die 16 Treppenstufen und der erste, mit den Kartuschen Tutanchamuns versiegelte Durchgang freigeräumt wurden. Am 26. November war es dann so weit: Carter stieß ein kleines Loch in den zugemauerten Durchgang zum ersten Raum: „Zunächst konnte ich nichts erkennen; heiße Luft entwich der Kammer und ließ die Kerze flackern. Als sich meine Augen an die Dunkelheit gewöhnten, nahmen Details des Raumes allmählich Kontur an. Seltsame Tiere, Statuen und Gold – überall der Glanz von Gold." Mit diesem Fund war Howard Carter die größte Entdeckung in der Geschichte der Archäologie gelungen.

Oben: Ausschnitt aus der Seitenwand einer bemalten Truhe aus dem Grab Tutanchamuns mit der Darstellung des Kampfes gegen die Nubier. Die Dekoration der Truhe zeigt auf den Seitenwänden den König beim Krieg gegen Fremdvölker, auf dem Deckel bei der Jagd auf Wüstentiere. Dem wilden Durcheinander von Feinden und Tieren steht dabei die ordnende Macht des Königs gegenüber.

Gegenüber: Jagdszene auf der Elfenbeintruhe aus dem Grabschatz Tutanchamuns. Der König spannt in Gegenwart seiner Gemahlin Anchesenamun den Bogen zur Jagd auf Vögel und Fische. Neben solchen Darstellungen gehören auch zahlreiche Objekte aus den Truhen und Kästen selbst ins Umfeld der königlichen Jagd: Wurfhölzer, Schleudern, Ausrüstungsgegenstände zum Bogenschießen, Keulen und Dolche. Die Jagd war nicht ein allein herrschaftliches Vergnügen, sondern ein symbolischer Akt, der die Stärke des Königs und die Abwehr gefährlicher Mächte thematisierte.

Oben: Detail der Dekoration des goldenen Statuenschreins aus der Vorkammer des Grabes Tutanchamuns. Die Szenen des Schreins zeigen das Königspaar bei verschiedenen zeremoniellen Handlungen. Der Schrein enthielt eine Statuenbasis, jedoch keine zugehörige Figur. Grabräubern gelang es mindestens einmal, in das Grab einzudringen; beim zweiten Versuch wurden sie offenbar gefasst und haben ihre Beute hastig in die Vorkammer zurückgeworfen.

Gegenüber: Die Rückenlehne des Thronsessels Tutanchamuns zeigt die Königin Anchesenamun, die ihren Gemahl salbt. Über den beiden strahlt Echnatons Sonnengott Aton. Die Beischriften offenbaren exemplarisch die angespannte religionspolitische Situation am Ende der Amarnazeit; die Kartuschen des Gottes Aton wurden zwar unangetastet gelassen, die Goldfolien mit den Namen des Herrscherpaares jedoch umgearbeitet und die Namensbestandteile „Aton" durch „Amun" ersetzt (an weniger gut sichtbaren Stellen blieb der frühe Königsname Tutanchaton unverändert).

Links: Der Gott Osiris empfängt Tutanchamun in der Unterwelt. Hinter dem König steht dessen Ka, die Personifikation der Lebenskraft des Herrschers. Der mumiengestaltige Osiris trägt die für ihn typische Atef-Krone; seine dunkelgrünliche Hautfarbe erinnert an den fruchtbaren Nilschlamm und symbolisiert Regeneration.

Gegenüber: Die Nordwand der Sargkammer Tutanchamuns zeigt eine ungewöhnliche Szene; König Eje, Tutanchamuns Nachfolger, vollzieht an der Mumie des jung verstorbenen Herrschers das Mundöffnungsritual. Die Darstellung dieses Rituals entspricht jedoch nicht dem Dekorationsprogramm königlicher Gräber und findet sich außer bei Tutanchamun in keinem weiteren Grab im Tal der Könige. Da es gewöhnlich dem ältesten Sohn oblag, das Ritual zu vollziehen, wird hier wohl bewusst auf Ejes Legitimität verwiesen, der mit der Königsfamilie nur entfernt verwandt war.

Das Mundöffnungsritual

Das Ritual, dessen Ursprung bis weit in die Frühzeit zurückreicht, diente dazu, die Statue oder Mumie einer Person magisch zu beleben. Der Verstorbene sollte befähigt werden, im Jenseits über die notwendigen Körperfunktionen zu verfügen, um atmen, riechen, sehen, hören und sprechen, aber auch sexuell aktiv sein und sich bewegen zu können.

Als elementar wurde dabei die Möglichkeit der Nahrungsaufnahme angesehen, weshalb das Ritual die Bezeichnung „Mundöffnung" erhielt. Ein Priester oder nächster Verwandter berührte im Lauf der Zeremonie die verschiedenen Körperteile mit speziellen Geräten und rezitierte dabei wirkmächtige Sprüche. Am Ende war die auf diese Weise behandelte Statue oder Mumie in der Lage, als Sitz der Seelenbestandteile Ba und Ka einer Person zu dienen, deren erneute Vereinigung nach dem Tod den Verstorbenen zu einem ewigen Ach-Geist machte.

Oben und gegenüber: Details des Deckels der Elfenbeintruhe aus dem Grab Tutanchamuns, Anchesenamun überreicht ihrem Gemahl ein opulentes Bouquet. Die Idylle der Szene trügt – im Grab des Königs fanden sich die mumifizierten Föten zweier Frühgeburten des Paares, und da Tutanchamun keinen Thronerben hinterließ, wurde die junge Königswitwe mit dem wesentlich älteren Eje verheiratet.

Links: Vergoldete Streitwagenapplikation aus dem Grab des Tutanchamun, die den falkengestaltigen Gott Re-Harachte darstellt. Er trägt die für ihn typische Sonnenscheibe auf dem Kopf. Darin erscheint als Symbol des Sonnengottes bei seinem morgendlichen Aufgang ein geflügelter Skarabäus, der zusammen mit den anderen Zeichen zugleich als Thronname des Königs gelesen werden kann.

Gegenüber links: Eines der zahlreichen kostbaren Pektorale aus dem Grab des Tutanchamun. Das Schmuckstück thematisiert den Sonnenaufgang: Der Gott Chepre in Gestalt eines Skarabäus schiebt den Sonnenball vor sich über den Horizont. Uräusschlangen – mächtige Kobras als Schutz und Symbol des Königtums – flankieren den Gott.

Gegenüber rechts: Goldener Anhänger in Form der Göttin Weret-hekau, die in Schlangengestalt den Kindkönig Tutanchamun stillt. Der Anhänger wurde in dem goldenen Schrein aus der Vorkammer gefunden.

Tutanchamun

Die Eltern Tutanchamuns sind nicht bekannt – eine mögliche Vaterschaft Echnatons lässt sich bislang nicht sicher nachweisen. Während der Regierung Echnatons war es zur Erhebung des Gottes Aton über alle anderen Götter des Landes gekommen, und der neue Staatsgott spielte zunächst auch für den jungen Tutanchamun eine wichtige Rolle. Als er im Alter von ungefähr acht Jahren um 1333 v. Chr. den Thron bestieg, lautete sein Name noch Tutanchaton, „Lebendiges Abbild des Aton".

Unter dem Einfluss seiner Berater wurde die Residenz schon bald von Achet-Aton nach Memphis verlegt, der Amunkult in Theben wieder aufgenommen und die zuvor geschlossenen Tempel der alten Götter geöffnet. Der junge König nannte sich nun Tutanchamun, „Lebendiges Abbild des Amun". Kaum älter als 20 Jahre, starb er unerwartet, und die Regierung fiel an den Höfling Eje, der schon zuvor als graue Eminenz die Staatsgeschäfte im Hintergrund geführt haben dürfte. Er veranlasste auch die eilige Bestattung Tutanchamuns im Tal der Könige. Unter den Ramessiden fielen die Amarnaherrscher in Ungnade, auch Tutanchamuns Name wurde aus den Königslisten gestrichen und geriet in Vergessenheit. Als man das Tal der Könige unter Ramses XI. aufgab, war das Grab Tutanchamuns unter dem Aushub eines anderen Königsgrabes verschüttet. So überdauerte es die Jahrtausende, ehe Howard Carter 1922 den Namen des jungen Monarchen zusammen mit dessen goldenem Antlitz für die Ewigkeit weltberühmt machte.

Tutanchamuns Fluch

Am 5. April 1923, nur fünf Monate nach der Entdeckung des Tutanchamun-Grabes, verstarb Lord Carnarvon im Alter von knapp 58 Jahren. Er erlag einer Blutvergiftung, die er sich aufgrund eines bei der Rasur verletzten Insektenstichs zugezogen hatte. Seltsamerweise traten im Verlauf der Grabung weitere Todesfälle im Team auf, und es schien, als stünden sie alle mit der Öffnung des Grabes in Zusammenhang: So starben der englische Ägyptologe Arthur Mace, der französische Ägyptologe Georges Benedite und Carnarvons Bruder, Aubrey Herbert, ein Röntgenspezialist, der im September 1923 während der Vorbereitungen zur Untersuchung der Mumie den Tod fand. Die Todesfälle waren für die sensationslüsterne Presse ein gefundenes Fressen, und man sah es bald als erwiesen an, dass sich der Pharao auf diese Weise für die gestörte Totenruhe rächen wollte.

Obwohl es für alle Todesfälle rund um das Grab Tutanchamuns plausible Erklärungen gab – Lord Carnarvons Gesundheit war aufgrund eines Unfalls bereits im Vorfeld sehr angegriffen, Mace litt schon bei der Entdeckung des Grabes an einer Brust- oder Rippenfellentzündung, Benedite erlag einem Hitzschlag – und viele andere Grabungsteilnehmer erst in hohem Alter verstarben, hat sich die Legende vom Fluch des Pharaos bis heute hartnäckig gehalten.

Oben: Detail des goldenen Schreins aus der Vorkammer, das Tutanchamun, begleitet von seiner Gemahlin Anchesenamun, bei der Jagd im Papyrusdickicht zeigt.

Gegenüber: Parfümbehälter aus der Sargkammer des Tutanchamun. Zwei Personifikationen des Nils halten die Wappenpflanzen Ober- und Unterägyptens, Lotus und Papyrus, die um den eigentlichen Parfümbehälter in Form der Hieroglyphe für „vereinigen" geknotet sind. Der Behälter stand zwischen den Schreinen, die den Sarkophag des Königs umschlossen. Obwohl Tutanchamun bei seiner Jenseitsreise hunderte kostbarer Objekte umgaben, ist das Grab verhältnismäßig klein und dessen Grundriss für ein Königsgrab eher unüblich. Es scheint daher sehr wahrscheinlich, dass der König bei seinem plötzlichen Tod eilig in einem provisorischen Grab bestattet wurde.

Links: Gegengewicht eines Pektorales. Die Landesgöttinnen Nechbet und Wadjet flankieren die Hieroglyphe für „Millionen", die einen Schen-Ring als Symbol für Unendlichkeit hält – Sinnbild des ewigen Königtums Tutanchamuns im Jenseits.

Umseitig: Wandmalerei aus dem Grab des Haremhab im Tal der Könige. Haremhab war bereits unter Tutanchamun ein hoher Militärbeamter und wurde später selbst Pharao. Zu diesem Zeitpunkt besaß er bereits ein Grab in Sakkara, das er zugunsten eines neuen, seiner Position angemessenen Königsgrabes in Theben aufgab.

Das Tal der Königinnen

Während der 18. Dynastie bestatte man im Tal der Könige – anders, als es der Name vermuten lässt – auch königliche Gemahlinnen und Prinzen, darunter Königin Teje, die Gemahlin Amenophis' III.; sogar dessen Schwiegereltern Juja und Tuja erhielten dort ein kleines Grab. Königin Hatschepsut besaß hingegen kraft ihres Amtes als regierender Pharao eine Anlage im Königsgräbertal. Einige Kilometer südlich hatte man seit der ausgehenden 17. Dynastie eine kleinere Talsenke zur Bestattung von Angehörigen des Königshauses genutzt. Dort fanden in erster Linie königliche Kinder und Privatpersonen, die mit der Erziehung der Prinzen und Prinzessinnen in Verbindung standen, ihre letzte Ruhestätte. Erst mit Beginn der 19. Dynastie entwickelte sich dieser Ort zur bevorzugten Begräbnisstätte der königlichen Gemahlinnen. Über 90 Beisetzungen fanden in teils sogar unfertig gebliebenen Gräbern statt.

Das mit Abstand berühmteste Grab von diesen ist das der Königin Nefertari, der ersten der sieben Großen Königlichen Gemahlinnen Ramses' II., entdeckt von dem italienischen Ägyptologen Ernesto Schiaparelli im Jahr 1904. Die in ihrer Farbigkeit und Qualität atemberaubenden Reliefs und Malereien zeigen die Ankunft der Königin im Reich des Osiris, ihre Verklärung und das Bestehen des Totengerichts, ihren von Göttern begleiteten Weg ins Jenseits sowie die Erlangung der Unsterblichkeit durch ihre Verwandlung zu Osiris.

Das Grab, das um 1950 durch einen Bergrutsch schwerste Schäden erlitten hatte, wurde in den 1990er-Jahren aufwändig restauriert.

Rechts: Wandmalerei aus dem Grab der Nefertari. Die Göttinnen Nephtys (links) und Isis (rechts) flankieren schützend die geheimnisvolle Vereinigung des Sonnengottes Re mit dem Unterweltsgott Osiris.

Gegenüber: Die Wandmalerei auf reliefiertem Stuck aus dem Grab der Nefertari stellt Osiris in seinem Aspekt als Herrscher der Unterwelt dar: Der Gott thront und hält die königlichen Machtinsignien Wedel und Krummstab vor die Brust. Seine Hautfarbe symbolisiert Regeneration und Fruchtbarkeit.

Links: Ausschnitt einer Totenbuchvignette im Grab der Nefertari. Der Reiher ist eine Erscheinungsform der Seele des Sonnengottes, der Falke eine Erscheinungsform der Göttin Nephtys, die zusammen mit Isis als „die zwei Klagevögel" erscheint, die den Leichnam des Osiris beweinen.

Unten links: Detail einer Darstellung des Erdgottes Aker aus dem Grab der Nefertari. Aker, der als Doppellöwe das Zeichen für „Horizont" flankiert, ist eng mit dem Sonnenlauf verbunden und schützt den Übergang des Sonnengottes am Abend in die Unterwelt und am Morgen in den Taghimmel.

Unten rechts: Die Göttin Neith im Grab der Nefertari. Neith war eine alte Schöpfergottheit mit Kultzentrum in Sais, besaß aber auch Züge einer Kriegsgöttin und war bereits seit dem Alten Reich eng mit der Bestattung verbunden; zusammen mit Isis, Nephtys und Selket bewachte sie den Sarg des Osiris.

Vorherige Doppelseite: Viele Gräber im Tal der Königinnen sind nur wenig dekoriert oder unvollendet geblieben. Eine der spektakulärsten Ausnahmen bildet das Grab der Nefertari aus der 19. Dynastie, dessen prächtige Wandmalereien vollständig ausgeführt wurden und zu den schönsten in ganz Ägypten zählen. Die Szene zeigt Nefertari, wie sie von der Göttin Isis an die Hand genommen und ins Jenseits geführt wird. Um den Hals trägt Isis eine Menat-Kette – Schmuck und Musikinstrument in einem –, die im Kult Verwendung fand und rhythmische Klänge erzeugte.

Links: Detail der Wandmalereien im Grab des Prinzen Amunherchepeschef, einem von fünf Söhnen Ramses' III., die im Tal der Königinnen bestattet wurden. Das Grab ist als langer Korridor angelegt, an dessen Ende die nicht fertig ausgeführte Sargkammer liegt. Das Dekorationsprogramm zu beiden Seiten des Korridors zeigt jeweils Ramses III., gefolgt von seinem Sohn, wie er von verschiedenen Göttern empfangen und in Richtung des Grabinneren – symbolisch ins Jenseits – geführt wird. Hier ist es die Göttin Isis, „die Große, die Gebieterin der Nekropole", die den König bei der Hand nimmt und weitergeleitet, wobei sie sich grüßend zu ihm umwendet.

Oben: Diese Wandmalerei aus dem Grab des Inherchaui, des Chefs der Arbeitermannschaften im Tal der Könige unter Ramses III. und IV., zeigt den Grabherrn und seine Frau, umgeben von ihren Enkelkindern. Von den zehn Tagen einer Woche verbrachten die Arbeiter acht Tage an der Baustelle des Königsgrabes und kehrten an den zwei freien Tagen in die Arbeitersiedlung Deir el-Medineh zu ihren Familien zurück. Die Arbeitsleistung unterlag dabei einer strengen Kontrolle; war jemand krank oder anderweitig verhindert, so musste er die verlorene Zeit nacharbeiten. Der Lohn wurde in Naturalien ausbezahlt; die Basis bildete Getreide in festen Einheiten, die umgerechnet und gegen Früchte, Lampenöl, Kleidung und Kosmetik getauscht werden konnten. Gegen Ende der 20. Dynastie kam es zu Engpässen bei der Entlohnung der Arbeiter und in der Folge zu den ersten überlieferten Streiks der Geschichte.

Gegenüber: Wandmalerei im Grab des Prinzen Chaemwaset, dem Sohn Ramses' III.; Tal der Königinnen, 20. Dynastie. Dargestellt ist der auf einem kapellenförmigen Schrein hockende Gott Anubis in Gestalt eines schwarzen Schakals.

Gesetz und Ordnung

Der ägyptische Begriff „Maat", verkörpert durch die gleichnamige Göttin, umfasste nach altägyptischer Vorstellung das Konzept von Ordnung, Wahrheit und Gerechtigkeit. Die Ordnung bildete das Gegengewicht zum Furcht einflößenden Chaos, dem Urzustand, aus dem die Erde einst geschaffen worden war. Maat war der Grundpfeiler von Kosmos und irdischer Welt; die Wahrung und Verteidigung der Maat galt als die wichtigste Aufgabe des Königs.

Zwar oblag dem König die Legislative, doch konnte er ein komplexes Staatsgebilde wie Ägypten nicht allein verwalten. Er delegierte die Durchsetzung und Wahrung der im Sinne der Maat erteilten Gesetze an seine Staatsbeamten. Diese sorgten auf der Basis ihrer Zuständigkeiten für Recht und Ordnung. Einfachere Zwistigkeiten der Landbevölkerung wurden vor Ort geregelt, zumeist vom nächsthöheren lokalen oder regionalen Verwalter. Zivile Verträge und vor allem kriminelle Delikte hingegen verhandelte man vor Gericht. Strafen waren Prügel, Konfiszierung von Gütern und Ländereien, das Abschneiden der Nase, Zwangsarbeit in den Steinbrüchen und Verstümmelungen. Verbrechen wie Mord, Rebellion, Meineid oder Grabraub wurden mit dem Tod geahndet.

Neben die Rechtsprechung traten ab Mitte des Neuen Reichs vor allem in Theben die Orakel. Waren die Gottesentscheidungen in der ersten Hälfte des Neuen Reichs auf höchste Staatsangelegenheiten beschränkt, umfassten sie später weite Bereiche der Verwaltung und des täglichen Lebens.

Die Gräber der Elite

Auch im Neuen Reich genossen höchste Beamte und Würdenträger wie schon in früheren Zeiten das Privileg, sich als Mitglieder der Elite in unmittelbarer Nähe zur Grabanlage des Königs bestatten zu lassen. So entstanden in den Gebirgszügen um das Tal der Könige mehrere Beamten-Nekropolen.

Die Gräber reichten je nach Rang des Grabherrn von einfachen Kammergräbern bis hin zu großen Anlagen mit mehreren Räumen, Pfeilersälen und Innenhöfen auf unterschiedlichen Ebenen. Die oberirdische Architektur bestand häufig aus Kapellen, kleinen Ziegelpyramiden oder Nischenfassaden mit Stelen.

Die Wände im Innern der Gräber sind mit Reliefs und Malereien versehen, die das höfische Leben mit opulenten Banketten und Festen zeigen, aber auch den Bestattungszug mit Klagefrauen, die die Mumie des Grabherrn beweinen. In den tiefer gelegenen Grabbereichen geben farbenprächtige Darstellungen einen Einblick in die Vorstellungen vom ewigen Leben. Szenen des Alltags und der Landwirtschaft in den Gefilden des Jenseits zeigen, dass das allgegenwärtige Thema der Versorgung mit Nahrung und den Gütern des täglichen Bedarfs dort ebenso überlebenswichtig war wie im Diesseits.

Rechts: Der „Diener an der Stätte der Wahrheit", Paschedu, trinkt Wasser im Schatten einer Palme. Das Königsgräbertal nannten die Ägypter „Stätte der Wahrheit"; Paschedus Titel war der eines Arbeiters an den Königsgräbern. Er besaß ein Grab nahe der Arbeitersiedlung Deir el-Medineh in Theben-West, das durch die Qualität der Darstellungen besticht. Die Hieroglyphen der Szene gehören zum Totenbuchspruch „um Wasser zu trinken im Totenreich".

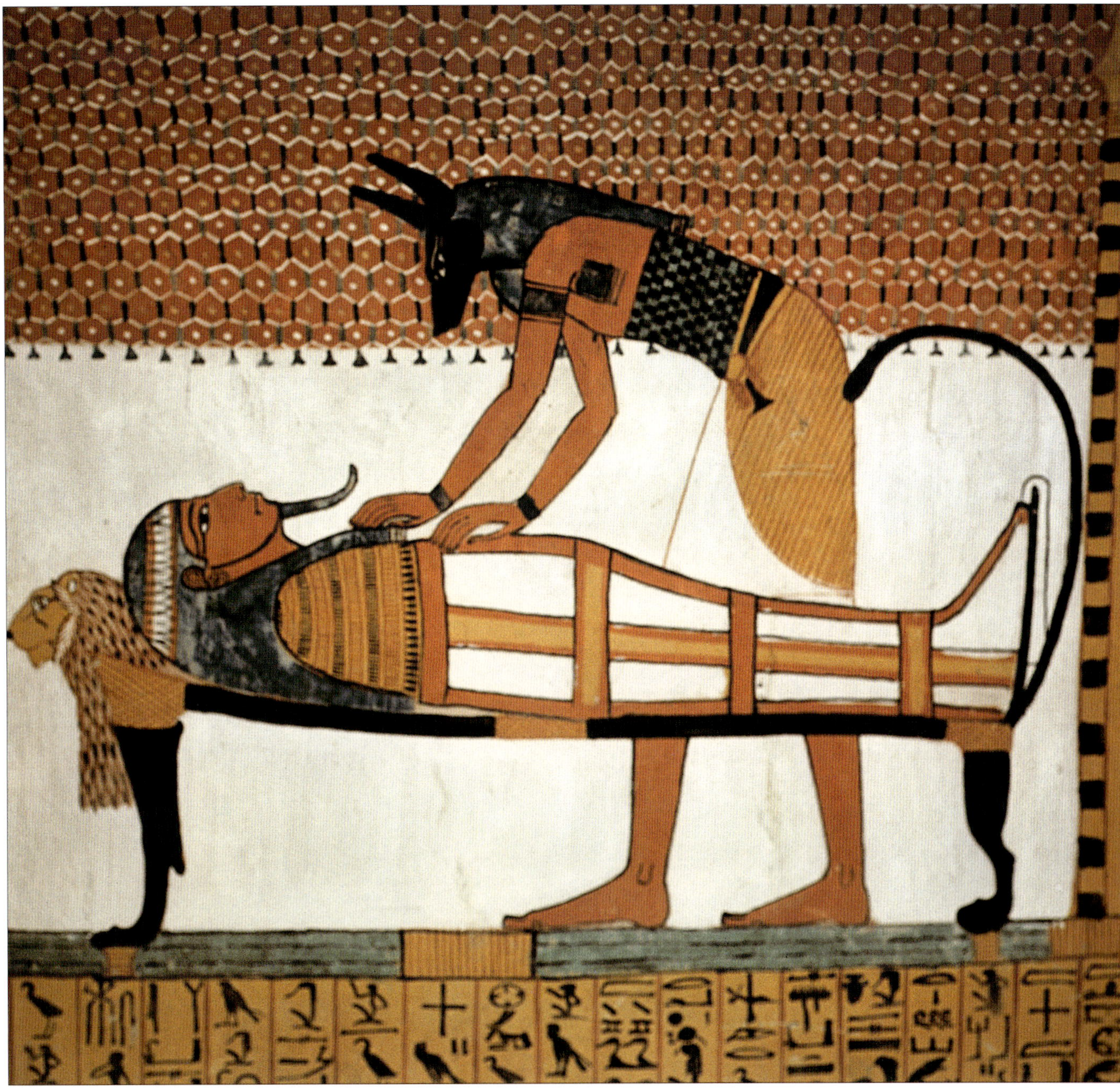

Oben: Die Wandmalerei aus dem Grab des Sennedjem in Deir el-Medineh zeigt die Mumie des verstorbenen Grabherrn, über die sich der Gott Anubis in seiner Funktion als Schutzherr der Mumifizierung beugt. Das Grab des Sennedjem aus der frühen 19. Dynastie liegt in unmittelbarer Nähe zur Arbeitersiedlung Deir el-Medineh. Ihr zugehörig war eine eigene kleine Nekropole, zu deren schönsten Anlagen dieses Grab zweifellos zählt. Bei seiner Entdeckung im Jahr 1886 fanden sich in der unterirdischen Grabkammer noch die ungestörten Bestattungen der Familie Sennedjems über mindestens zwei Generationen mit all ihren Grabbeigaben. Welchen Beitrag der Nekropolenhandwerker Sennedjem beim Bau der Königsgräber leistete, ist unbekannt, doch er muss über gute Beziehungen verfügt haben, um sich ein derart prächtig ausgestattetes Grab leisten zu können.

Gegenüber: Sennedjem und seine Frau Ii-neferti beim „Anbeten von allen Göttern der Unterwelt", die in einem Götterschrein vor ihnen jeweils auf einem Zeichen für Maat, Gerechtigkeit, hocken. In erster Position befindet sich oben der Gott Osiris, in erster Position darunter der Gott Re Harachte.

Oben: Etwas nördlich vom Grab des Sennedjem liegt das Grab des Amenemhat, dessen gewölbte Decke ein geometrisches Muster aus Weinblättern und -reben ziert. Die Darstellungen im Giebelfeld der südlichen Schmalwand sind spiegelsymmetrisch angeordnet. Unter zwei großen Udjat-Augen thronen rechts der Unterweltsgott Osiris und links der Gott der Mumifizierung, Anubis, hinter reich beladenen Opfertischen. Davor kniet Amenemhat, der sich durch die Opferformel ewige Versorgung im Jenseits erhofft.

Gegenüber: Das Detail aus der Wandmalerei im Grab des Inherchaui zeigt die Mumie des Verstorbenen aufrecht stehend, während ihr der Gott Anubis ein Herz an die Nase reicht. Das Darbringen eines Tierherzens war ein Teil des Mundöffnungsrituals. Neben dem Aspekt der Nahrungsaufnahme stand dabei wohl auch der Wunsch, die dem Tier innewohnende Lebenskraft weiterzugeben. Bei der realen Durchführung des Rituals konnte ein Priester mit Anubismaske in die Rolle des Gottes schlüpfen.

Oben: Wandmalerei aus dem thebanischen Grab Nebamuns, eines Beamten unter Amenophis III. Eine Rinderherde wird an einem Schreiber vorbeigetrieben, damit er die Steuerveranlagung vornehmen kann. Alltagsszenen aus dem Leben des Grabherrn hatten die Aufgabe, auch in der jenseitigen Welt dessen hohe soziale Position zu sichern.

Links und gegenüber: Die Bankettszenen aus dem Grab Nebamuns zeigen Musikerinnen in festlicher Gewandung; Salbkegel über ihren Perücken verbreiten einen angenehmen Duft. Eine der jungen Frauen spielt auf der Doppelflöte, die andere begleitet sie mit rhythmischem Klatschen. Zwei leicht bekleidete Tänzerinnen zeigen dazu eine Darbietung ihres Könnens. Bankettszenen nahmen innerhalb der thebanischen Grabdekoration der 18. Dynastie einen festen Platz ein und sollten dem Grabherrn ewige Speise in fröhlichem Beisammensein mit Freunden und Angehörigen garantieren.

Umseitig: Eine Teilnehmerin des Festbanketts aus dem Grab Nebamuns wendet sich um und reicht ihrer Nachbarin eine Lotusblüte. Der Lotus war ein Symbol für Regeneration und daher ein häufiges Motiv der Grabmalerei. Dem Mythos zufolge entstieg die Sonne einer aufblühenden Lotusknospe, die auf dem Urwasser trieb. Lotusblüten öffneten und schlossen sich jeden Morgen und Abend – ein Sinnbild für zyklische Erneuerung.

Kleidung und Mode

Das gebräuchlichste Material zur Herstellung von Kleidung war Leinen, das aus Flachsfasern gesponnen und gewebt wurde. Die Technik des Webens lässt sich bis ins Neolithikum zurückverfolgen. Einer dieser ältesten überlieferten Stoffe, grob und lose gewebt, wurde im Faijum gefunden. Leinen trug man in allen Bevölkerungsschichten, doch es gab große Qualitätsunterschiede. Die beste Qualität ergaben Pflanzen, die jung geerntet und entsprechend fein gesponnen werden konnten.

Neben Leinen war auch Wolle bekannt, jedoch erheblich weniger verbreitet. Wie Statuen, Reliefs und Malereien zeigen, trugen die Männer im Alten und Mittleren Reich meist einfache, knie- oder wadenlange Wickelschurze, die Frauen knöchellange, eng anliegende Trägerkleider. Im Neuen Reich entwickelten sich neue „Trends“: So trugen Männer weite, plissierte Schurze, die Frauen wallende, gefältete Wickelkleider, die aus einem großen rechteckigen Stoff bestanden, der in unterschiedlicher Weise um den Körper geschlungen und mit einer Schärpe gegürtet wurde. Neben möglichst hellen, durch die Sonne gebleichten Stoffen erfreuten sich auch farbige Stoffe großer Beliebtheit. Um eine blaue Färbung zu erzielen, verwendete man Färberweid, für Rot Alkanna, Krapp und Saflor und für Gelb die Rinde des Granatapfelstrauchs.

Zu offiziellen Anlässen trugen Frauen wie Männer voluminöse Perücken, deren Haare man auf Leinenkappen knotete. Das eigene Haar war kurz oder kahl geschoren. Das Schuhwerk bestand aus Flechtsandalen, die man aus Palmblättern, Binsen, Gräsern oder Papyrus fertigte. Daneben gab es auch Lederschuhe, die zwar teurer, dafür aber erheblich strapazierfähiger waren. Zur Kleidung trug man Hals-, Arm- und Beinschmuck, Ohrringe sowie Fingerringe. Meist hatte der Schmuck auch Amulettfunktion und sollte den Träger vor Krankheiten oder Dämonen schützen.

Rechts: Wandmalerei aus dem Grab des Nacht mit der Szene eines Festbanketts; Theben-West, 18. Dynastie. Nacht versah die Ämter eines „Schreibers“ und „Stundenpriesters des Amun“.

Maße und Gewichte

Die alten Ägypter verwendeten ein Dezimalsystem mit Einsern, Zehnern und Zehnerpotenzen. Geschrieben wurden die Einser als Striche, die man beispielsweise für die Zahl 8 achtmal wiederholte. Für die Ziffern 10 und 100, sogar für eine Million, gab es entsprechende Zeichen, wobei letztere Zahl jedoch eher für absolute Vielheit stand, als dass sie einen präzisen mathematischen Wert angegeben hätte.

Die Längeneinteilungen orientierten sich an normierten Maßen von menschlichen Körperteilen. Als Ausgangsmaß galt die Elle mit rund 52,4 cm, unterteilt in sieben Handbreiten zu je vier Fingern. Im handwerklichen Bereich kamen entsprechend genormte Messlatten aus Holz zum Einsatz, für weitere Distanzen benutzte man Seile.

Auch für Flächenmaße bildete die Elle die Ausgangsmaßeinheit: 10000 Ellen^2 ergaben eine Arure, zehn Aruren entsprachen 27565 m^2, also 2,75 ha.

Gewichte wurden bis zum Mittleren Reich in Kupfer- oder Gold-Deben angegeben, die 27,3 g bzw. 13,6 g entsprachen. Im Neuen Reich betrug ein Deben 91 g, unterteilt in 10 Kite.

Hohlmaße, die man zur Mengenberechnung von Getreide, Gewürzen oder Gold benutzte, wurden in Hin gerechnet (0,48 l); 10 Hin waren ein Heqat (4,8 l), 10 Heqat ergaben einen Char (Sack) mit 48 l.

Gegenüber: Zu den wichtigsten Aufgaben eines ägyptischen Beamten gehörten die Kontrolle und Registrierung des Güterstroms, der die staatlichen Verwaltungseinrichtungen regelmäßig erreichte. Im Grab des Benia, genannt Pa-hekamen, sind Schreiber dargestellt, die sorgsam die Anlieferung von Gold und Silber in Form massiver Metallringe verzeichnen, deren Menge und Wert zuvor von einem Angestellten durch Abwiegen mit genormten Gewichten ermittelt wurde.

Rechts: In diesem Fragment einer Grabmalerei ist die Darstellung eines Zimmermanns bei der Arbeit an einem Baugerüst teilweise erhalten. Der Künstler verstand es geschickt, der Szene durch das Aussehen des Mannes mit Bartstoppeln und struppigem Haar einen alltäglichen Charakter zu verleihen.

Unten: Dieses Ostrakon zeigt eine mit flüchtiger, aber sicherer Künstlerhand ausgeführte, eigenwillige Szene; eine Katze hütet eine Schar Gänse und deren Nest. Bilder dieser Art gehören zu einer besonderen Gattung ägyptischer Darstellungen, die eine „verkehrte Welt" zum Thema haben. Tiere treten dabei an die Stelle von Menschen, doch sie vertauschen ihre natürlichen Rollen; das gefährliche Raubtier wird zum braven Hirten, der seiner Herde folgt, statt über die Vögel herzufallen, die in völliger Sorglosigkeit vor ihm herlaufen. Die Ironie der Szene oder die dazugehörige Fabel bleibt jedoch im Dunkeln.

Oben: Szene aus dem Grab des Userhat, der unter Amenophis II. (18. Dynastie) zahlreiche Ämter in der königlichen Verwaltung innehatte. Der Ausschnitt ist ein Teil einer größeren Szene, die die Ausgabe von Proviant an Soldaten der Armee thematisiert. Im oberen Register warten die in Zweierreihen angetretenen Soldaten, um ihre Rationen in Empfang zu nehmen. Die darunter liegenden Register zeigen Armeefriseure bei der Arbeit: Zwei von ihnen schneiden gerade die Haare ihrer Kunden, weitere Soldaten warten auf dem Boden oder auf Hockern sitzend, dass sie an die Reihe kommen, oder sind bereits im Schatten eines Baumes eingenickt. Haarpflege und Rasur gehörten zur täglichen Hygiene, lange Bärte galten bei Männern als ungepflegt; ein schmaler Oberlippenbart oder ein kurzer Kinnbart kamen jedoch zeitweilig in Mode. Für Götter und Könige war ein Zeremonialbart am Kinn Bestandteil des Ornats.

Gegenüber: Ausschnitt aus einer Wandmalerei im Grab des Rechmire, eines Wesirs unter Thutmosis III. und Amenophis II. (18. Dynastie). Im oberen Register schmelzen Arbeiter Metall, um es in Barren zu gießen, darunter sind Maurer mit der Produktion von Nilschlammziegeln beschäftigt.

Umseitig: Wandmalerei im Grab des Sennedjem in Deir el-Medineh. Die Darstellung zeigt den Grabherrn und seine Frau Ii-neferti bei der Arbei in den Iaru, den Jenseitsgefilden. Das Bild hat rein symbolischen Gehalt und besagt nicht, dass der Nekropolenhandwerker oder seine Frau zu Lebzeiten in der Landwirtschaft tätig waren. Die Iaru sind vielmehr ein idealer Jenseitsort, von dem es heißt: „Ich bin stark in ihm und verklärt, ich esse in ihm und bewege mich in ihm, ich pflüge und ernte in ihm und habe Geschlechtsverkehr in ihm."

Siedlungen und Häuser

Im Gegensatz zu den für die Ewigkeit konzipierten steinernen Tempeln und Gräbern wurden Wohnhäuser aus weniger dauerhaftem Material wie den aus Nilschlamm hergestellten Lehmziegeln errichtet. Für die Dächer der Häuser nahm man Palmwedel.

Freie Siedlungen entstanden immer dort, wo Menschen in größerer Zahl Arbeit fanden, beispielsweise an Handelsplätzen. Häufig aber waren Siedlungen auch staatlich geplant, wie die Pyramidenstädte, in denen nicht nur die Arbeiter und Handwerker der Pyramide, sondern auch der zur Organisation notwendige Verwaltungsapparat sowie die Priester eine nahe gelegene Unterkunft erhielten.

Größe und Anlage der Häuser und der Versorgungstrakte entsprachen dem Status der Bewohner; die architektonische Palette reichte von reinen Schlafstätten über kleine, etwa 40 m^2 große Wohneinheiten für die Arbeiterfamilien bis hin zu geräumigen, luxuriösen Villen der Elite.

Die Anwesen ranghoher Beamter umfassten im hinteren Haustrakt gelegene Schlafgemächer sowie größere, zentral gelegene Haupträume. Zudem wiesen sie eine separate Küche mit einer gemauerten Feuerstelle auf und verfügten über sanitäre Einrichtungen wie Bad und Toilette. Die Wohngemächer waren mit Fußbodenmatten und farbenfrohen Wandbehängen aus Leinen ausgestattet. Das Inventar (Betten, Stühle, Tische etc.) bestand überwiegend aus Holz und Flechtmaterialien. Für Stühle und Betten gab es weiche Polsterungen. Betten standen zum Schutz gegen Kriechtiere auf erhöhten Podesten, Kleidung verwahrte man in Kisten sowie in Wandnischen.

Oben: Vignette aus dem Totenbuch des Nacht, der die Titel eines Königssekretärs und Generals führte; 18. Dynastie. Hinter Nacht steht seine Frau Tjuiu, die als Sängerin des Amun ein Sistrum schwingt. Das Ehepaar verehrt in einem Garten mit künstlich angelegtem Teich den Gott Osiris (nicht im Bild).

Rechts: Die Vignette aus einem Totenbuch zeigt den Verstorbenen und seine Frau bei der Anbetung des Nachthimmels. Das Totenbuch, eingeführt zu Beginn des Neuen Reichs, bestand aus etwa 200 Sprüchen, von denen viele auf ältere Vorlagen aus den Pyramiden- oder Sargtexten zurückgehen. Anders als die frühen Jenseitstexte, die zunächst exklusives Vorrecht des Königs und seiner Familie blieben, durfte jedermann, der sich eine Kopie davon auf Papyrus leisten konnte, ein Totenbuch besitzen. Die Texte waren in einer leicht kursiven Form der Hieroglyphen geschrieben und hatten teilweise prächtige Vignetten, die bestimmte Sprüche illustrierten.

Gegenüber: Die Totenbuchvignette zeigt den Verstorbenen bei der Anbetung des Anubis, des Gottes der Mumifizierung und Schutzherrn des Leichnams. Neben der Variante auf Papyrus konnten Totenbuchsprüche auch auf Grabwänden und Särgen, insbesondere aber auf Totenfiguren wie den Uschebti oder Herzskarabäen, erscheinen.

Papyrus

In pharaonischer Zeit gab es an den Ufern des Nils üppige Papyrusbestände – insbesondere im Delta, weshalb der Papyrus als Wappenpflanze Unterägyptens galt; sein oberägyptisches Gegenstück war der Lotus. Ineinander verschlungen, stellten die beiden Pflanzen das heraldische Symbol für die Vereinigung Ober- und Unterägyptens dar. In der Architektur sind sie als Papyrusdolden- und Lotusblütenkapitelle von Säulen oder als Verzierung von Möbeln zu finden.

Papyrus besaß jedoch nicht nur symbolischen Wert. Reliefs und Wandmalereien mit Landschaftsdarstellungen zeigen das Papyrusdickicht als ein Biotop mit besonderem Vogel- und Fischreichtum, das darüber hinaus dem König und seinem Gefolge als bevorzugtes Jagd- und Erholungsgebiet diente. Die Papyruspflanze selbst ließ sich vielfältig nutzen. Neben ihrer Funktion als Nahrungs- wie auch als Heilmittel fanden die Schäfte der Pflanze beim Bau von Papyrusbooten sowie bei der Herstellung von Körben, Matten, Sandalen und Seilen Verwendung.

Eine besondere Bedeutung kam dem Papyrus als Schriftträger zu: Man schnitt das Mark in dünne Längsstreifen, die man in zwei Schichten übereinander legte; die obere Schicht kam dabei quer auf die untere. Durch Schlagen und Pressen der übereinander geschichteten Lagen verteilte sich der stärkehaltige Saft und verklebte sie fest miteinander. Nach dem Trocknen wurden die so entstandenen Papyrusbögen geglättet und überstehende Kanten beschnitten. Auf diese Weise entstanden aus den ca. 50 cm langen Stängeln beschreibbare Blätter von bis zu 41 m Länge, die sich zur Archivierung aufrollen ließen. Beschriftet wurde Papyrus mithilfe von Pinseln aus Binsenfasern mit schwarzer und roter Tusche.

Gegenüber: Ausschnitt des mumiengestaltigen Sargs eines „Arbeiters an den Königsgräbern" namens Chonsu. Über die Brust des Toten breitet die Himmelsgöttin Nut ihre geflügelten Arme. Nut verschlingt am Abend die Sonne und gebiert sie am Morgen neu, weshalb sie als Göttin der Regeneration und Neugeburt häufig auf Särgen erschien. Darunter hockt beiderseits der mittigen Inschrift Anubis, „Erster der Gotteshalle" (= der Balsamierungsstätte) und „Umwickler" (= Balsamierer). Darunter knien links Isis, „Die Große, die Gottesmutter", und rechts Nephthys, „Die Herrin des Himmels", als Beschützerinnen des mumifizierten Leichnams.

Oben: Mumienmaske aus bemalter Kartonage; Neues Reich. Gesichtsmasken waren ein bedeutender Teil der Mumienausstattung. Im Alten Reich formte man Teile des Körpers mit Leinenbinden nach, die vereinzelt mit einer feinen Stuckschicht überzogen wurden, erst ab dem Mittleren Reich setzte sich der Gebrauch von Mumienmasken durch, die auch Teile von Brust und Schultern bedeckten. Sie waren aus Kartonage, mehreren Lagen verklebter Leinenschichten mit Gipsüberzug, gefertigt. Goldene Mumienmasken blieben allein Königen vorbehalten, erst in ptolemaischer Zeit vergoldeten auch Privatleute ihre „Gesichter für die Ewigkeit".

Handwerk und Technik

Im alten Ägypten konnten Handwerker – sofern sie über besondere Fertigkeiten verfügten – zu allen Zeiten hohes Ansehen in der Gesellschaft erringen, ihre Kunst wurde sehr geschätzt und gut belohnt. Manche von ihnen erlangten sogar die Gunst des Königs und das Privileg, sich ein reich ausgestattetes Grab für ihr ewiges Jenseitsleben anzulegen.

Die Handwerker – egal ob Steinmetze, Bildhauer, Schreiner, Töpfer, Juweliere, Metallarbeiter, Glas- oder Fayencehersteller – waren gut ausgebildet und straff organisiert. Dies ermöglichte eine rationalisierte Produktion in den staatlichen Werkstätten; freischaffende Handwerker gab es nicht, und auch die zur Verarbeitung notwendigen Rohmaterialien unterstanden der staatlichen Verwaltung. Die Werkstätten waren zumeist den Tempeln, dem königlichen Palast oder den Haushalten höchster Würdenträger angegliedert.

Das Land am Nil war reich an verschiedenen Gesteinsarten, die aufgrund ihrer Dauerhaftigkeit im Grab- und Tempelbau, für Obelisken, Sarkophage, Statuen und Grabbeigaben Verwendung fanden. Neben Kalkstein oder Kalzitalabaster, die mit Holz- und Kupferwerkzeugen leicht zu bearbeiten waren, verwendete man auch Hartgesteine wie Granit, die spezielle Bearbeitungstechniken mit Steinwerkzeugen aus Dolerit erforderten. Eine rohe Erstbearbeitung erfuhren die Werkstücke zumeist direkt vor Ort in den Steinbrüchen.

Größere Holzvorkommen gab es nicht, und so musste man Nutzholz für Architektur, Schiffsbau und Särge importieren. Großer Beliebtheit erfreute sich vor allem das aus dem heutigen Libanon stammende und vielseitig einsetzbare Koniferenholz. Einheimische Gehölze waren Akazie, Sykomore, Tamariske und Persea.

Gold und Kupfer zählten zu den bedeutendsten Metallen. Bereits in prädynastischer Zeit beutete man die Goldminen der ägyptischen Ostwüste aus, ab dem Mittleren Reich die des nördlichen Nubien. Gold fand in erster Linie für Schmuck und zur Verzierung kultischer Objekte und Grabbeigaben Verwendung. Werkzeuge, Gefäße oder auch Waffen stellte man vornehmlich aus Kupfer her, dessen Hauptabbaugebiete im Südsinai und später in Israel lagen. Das Metall musste durch spezielle Schmelzverfahren aus dem erzhaltigen Gestein herausgelöst werden. Mit der Entwicklung erster Verhüttungsverfahren in prädynastischer Zeit setzte auch die Massenproduktion ein.

Gebrauchsgegenstände – wie Geschirr, Vorratsgefäße, Werkzeugzubehör oder Öllampen – und Objekte der Kleinkunst wurden aus Ton hergestellt. Die Qualität des Tons ließ sich den Anforderungen bei der Verarbeitung durch Magerung anpassen. Erste drehbare Töpferscheiben gab es bereits im Alten Reich.

Fayencemanufakturen produzierten aus einem Gemisch von Sand, Kalk und Soda Kacheln, Amulettschmuck und Gefäße. Ihre blauen und grünen Glasuren imitierten Schmucksteine und waren sehr geschätzt; ägyptische Fayencewaren galten im Mittelmeerraum als äußerst begehrte Exportartikel.

Juweliere verarbeiteten Metalle, darunter Gold, importiertes Silber, Elektron und Kupfer, und fassten Schmucksteine wie afghanischen Lapislazuli, Karneol, Bergkristall, Feldspat, Türkis und Amethyst neben Glas und Fayence. In verschiedenen Techniken wie Cloisonné und Champlevé fertigten sie filigranen Körperschmuck und Amulette. Die Schönheit und Vollkommenheit dieser Kostbarkeiten lösen beim Betrachter heute noch Staunen und Bewunderung aus.

Vorherige Seite links: Glasgefäß in Form eines Fisches (Tilapia) aus Tell el-Amarna; 18. Dynastie. Neuesten Studien zufolge wurde Glas in Ägypten erst seit etwa 1550 v. Chr. verarbeitet. Die Technik stammte offenbar aus dem vorderasiatischen Raum, einige Rohglasbrocken brachte Thutmosis III. von seinen Syrien-Feldzügen mit nach Ägypten. Ab der Regierungszeit Amenophis' III. entstanden erste einheimische Werkstätten, und bereits unter seinem Sohn und Nachfolger Echnaton lassen sich mehrere Glasereien in Tell el-Amarna archäologisch nachweisen. Das Ausgangsmaterial Fritte wurde zerstoßen, geschmolzen und in noch weichem Zustand in die gewünschte Form gebracht. Dabei zog man auch die feinen, farbigen Glasfäden zur Verzierung ein. Die Technik der Glasbläserei kam erst in hellenistischer Zeit auf und erlaubte erstmals die Produktion dünnwandiger, durchsichtiger Gläser.

Vorherige Seite rechts: Elfenbeinklapper in Form einer Hand. Klappern sind die ältesten in Ägypten bezeugten Musikinstrumente und lassen sich bis in vorgeschichtliche Zeit nachweisen. Aus Holz, Knochen oder Elfenbein gefertigt, dienten sie vornehmlich als Rhythmusinstrumente bei Tanzdarbietungen, seltener als Taktgeber bei Mannschaftsarbeiten. Die häufig gebogene Form ist durch die Krümmung des Nilpferdzahns bedingt, aus dem die teureren Elfenbeinklappern in der Regel hergestellt wurden. Neben der Klapper waren Trommel und Sistrum die geläufigsten Rhythmusinstrumente. Das rasselnde Sistrum war eng mit der Göttin Hathor verbunden und wurde von den Frauen üblicherweise als Instrument im Tempelkult verwendet.

Links: Geier mit ausgebreiteten Flügeln aus getriebenem Goldblech. Dieses Objekt stammt aus einer der mysteriösesten und bis heute umstrittensten Anlagen im Tal der Könige, dem 1907 entdeckten Grab mit der Nummer KV 55. Obwohl das Grab bereits in der Antike geplündert wurde, fanden sich in ihm noch zahlreiche Objekte, darunter ein Schrein mit Darstellungen der Königin Teje sowie dem ausgehackten Bildnis ihres Sohnes (des „Ketzerkönigs" Echnaton), ein Satz Kanopengefäße mit entfernten Inschriften und ein vergoldeter Holzsarg. In diesem Sarg befand sich die stark zerstörte Mumie eines etwa 20–25 Jahre alten Mannes, auf dessen Schädel der goldene Geier mit schützend ausgebreiteten Flügeln lag. Die in der Antike mit der Auslöschung der Namen beauftragten Priester hatten ihr Ziel erreicht, denn die Identität des Toten ist bis heute ungeklärt. Bislang wurden Semenchkare, ein Nachfolger Echnatons, ein Bruder Tutanchamuns und sogar Echnaton selbst vorgeschlagen.

Oben: Malpalette aus Elfenbein mit sechs Farbnäpfen. Die hochwertige Verarbeitung und das kostbare Material lassen es als plausibel erscheinen, dass die Malpalette einst einem angesehenen Künstler aus der Zeit Amenophis' III. gehörte, dessen Name in der Kartusche genannt wird. Die verschiedenfarbigen mineralischen Pigmente ließen sich mit Wasser lösen und dienten der farblichen Ausgestaltung von Papyrusdokumenten, beispielsweise der bunt illustrierten Vignetten des Totenbuchs.

Links: Dieser kleine Röhrenbehälter aus Holz besitzt fünf Fächer zur Aufnahme von Augenschminke. Der jeweilige Inhalt ist außen angegeben: So steht auf dem Röhrchen mit dem Schminkstab „schöne mesedmet-Schminke"; diese wurde aus schwarzem Bleiglanz gewonnen.

Gegenüber: Salblöffel in Gestalt einer nackten Frau, die eine Amphore auf der Schulter trägt. Utensilien der Körperpflege und Kosmetik waren teilweise – wie in diesem Fall – von besonderer Formgebung und Verzierung. So nahmen sie auf ihren Inhalt und dessen Gebrauch Bezug. Die häufige Verwendung derartiger Gegenstände als Grabbeigaben entspricht dabei vermutlich dem Wunsch nach ewiger Jugend und Schönheit im Jenseits, worauf sowohl die Lotusblüte am Gefäß als Symbol der Erneuerung wie auch die erotische Komponente der nackten Frau hindeuten.

Das perfekte Äußere

Körperpflege und Hygiene hatten für die alten Ägypter eine große Bedeutung. Dazu gehörten das tägliche Bad, je nach gesellschaftlichem Status im Nil oder in hauseigenen Bädern, Maniküre und Pediküre sowie bei Männern die Bartrasur. Frauen wie auch Männer trugen Make-up, Parfüm und Perücken. Augenschminke aus einem Gemisch von zerstoßenem Malachit und Fett diente der Betonung der Augenkontur, aber auch als Schutz gegen Fliegen. In späterer Zeit verwendete man Kohel, einen schwarzen Eyeliner aus Bleiglanz und Fett.

Modische Perücken galten nicht nur als Statussymbol, sondern boten auch Schutz gegen Kopfläuse. Salbkegel aus parfümiertem Tierfett wurden bei Festen auf den Perücken befestigt und setzten beim Schmelzen ihren betörenden Duft frei. Für die Hautpflege verwendete man Salben aus Harzen, Ölen und Aromata.

Besonders wohlhabende Personen kontrollierten ihr Make-up in aparten, kleinen Spiegeln aus glänzend polierter Bronze oder Silber. Die Spiegelgriffe waren oftmals mit Motiven Hathors, der Göttin der Liebe und der rauschenden Feste, verziert.

Kosmetika und Spiegel waren traditionelle Beigaben, die man den Verstorbenen mit ins Grab legte. Dahinter stand die Vorstellung, dass ihre Verwendung im Jenseits ebenso wichtig und angenehm sei wie im Diesseits.

Links: Dieser reich verzierte Kasten diente zur sortierten Aufbewahrung diverser Schminkbehältnisse aus Kalzitalabaster oder Fayence bzw. dunkelblauem Glas. Die Inschrift auf der Vorderseite enthält eine Opferformel an den Totengott Osiris für den Ka (Lebenskraft) einer gewissen Merit. Dies lässt darauf schließen, dass der Kasten speziell für das Begräbnis dieser Dame angefertigt wurde.

Gegenüber: Amulettanhänger in Gestalt der Göttin Isis, die ihren Sohn Horus stillt. Der Anhänger besteht aus Ägyptischblau, einem dem Glas eng verwandten Werkstoff. Er wurde von der 4. Dynastie an bis weit in die römische Zeit in erster Linie als zermahlenes Pigment benutzt. Mit Bindemitteln wie Gummi arabicum oder Wachs versetzt, ließ er sich ähnlich wie Ton kneten oder in Form pressen. Durch den nachfolgenden Brennprozess wurde er gehärtet und erhielt anschließend seine leuchtend blaue Farbe.

Rechts: Elfenbeinbeschlagenes Kästchen Ramses' IX.; um 1126–1108 v. Chr., 20. Dynastie. Es stammt aus der thebanischen Nekropole von Deir el-Bahari und ist eines der zahlreichen Objekte, die von Hohepriestern der 21. Dynastie aus dem Tal der Könige zum Schutz vor Grabräubern in ein dort liegendes, tiefes Schachtgrab gebracht wurden. Diese so genannte Cachette diente auch zur Neubestattung einiger Königsmumien, darunter denjenigen so bedeutender der Pharaonen wie Thutmosis III. und Ramses II. Einheimische stießen um das Jahr 1871 zufällig auf dieses Versteck, entnahmen Objekte und verkauften sie Stück für Stück, bis 1881 die ägyptische Altertümerverwaltung auf die Vorgänge aufmerksam wurde. Binnen 48 Stunden räumte man das Grab aus Angst vor Übergriffen der aufgebrachten Einheimischen vollständig aus. Erst 1998 begann die genaue wissenschaftliche Untersuchung der Cachette.

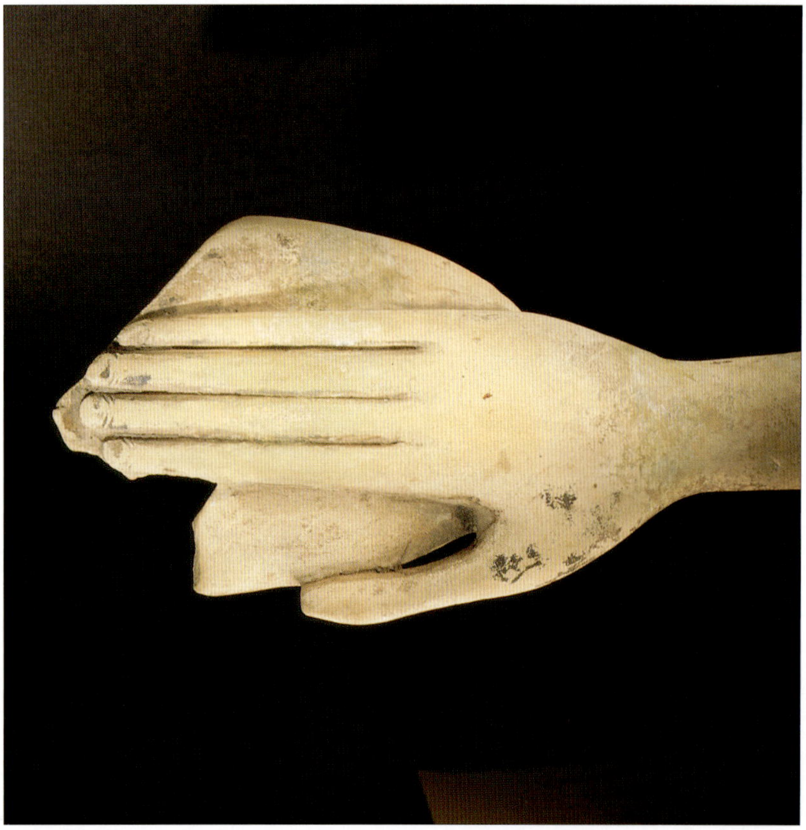

Oben: Schminkpaletten in Fischform waren bereits seit frühdynastischer Zeit in Gebrauch und erfreuten sich noch im Neuen Reich großer Beliebtheit. Als Grabbeigaben standen sie in engem Zusammenhang mit dem Papyrusdickicht als Symbol der Regeneration. Fische waren im Pharaonenreich ein wichtiges und verbreitetes Grundnahrungsmittel; selbst der Königshof wurde mit Fisch beliefert. Einige Fische galten sogar als heilige Attributtiere, beispielsweise der Nilbarsch als Manifestation der Schöpfergöttin Neith. Im Osirismythos spielt der Fisch hingegen eine negative Rolle, da er den Penis des Gottes gefressen hatte.

Links: Salblöffel in Form einer Hand, die eine Muschel hält

Gegenüber: Spielbrett mit 20 Feldern und zwei Sorten von Spielfiguren. Das Senet-Spiel gehört zu den bekanntesten Spielen des alten Ägypten. Zwei Spieler bewegten dabei ihre Spielsteine gemäß der durch Wurfhölzer ermittelten Augenzahl über das Brett. Dem Spiel kam offenbar auch symbolische Bedeutung zu, da der Verstorbene auf Grabwänden manchmal beim Senet-Spiel abgebildet wurde.

Sport und Vergnügen

Zu den Tugenden des Königs zählten neben Mut und Tapferkeit auch körperliche Stärke und Fitness. Der König sollte als Garant der Maat, der Gerechtigkeit und Ordnung, überragende physische Stärke aufweisen. Er hatte unüberwindlich und ewig siegreich zu sein, die drohenden Gefahren des Chaos immer wieder zu bannen. In diesem Kontext standen auch sportliche Aktivitäten ohne vorrangig kriegerischen Zweck, wie die königliche Großwildjagd im Mittleren Reich oder das im Neuen Reich beliebte Bogenschießen auf Zielscheiben vom Streitwagen aus. Sport und Vergnügen dürften bei Ausflügen der königlichen Jagdgesellschaft eng miteinander verbunden gewesen sein.

Blieb dem König aus Gründen der Amtswürde Breitensport bis auf wenige Ausnahmen verwehrt, so kannten die Privatleute die unterschiedlichsten Sportarten: Laufen, Springen, Wassersportarten wie Schwimmen und Rudern, Kampfsportarten, darunter Ringen und Stockfechten, sowie Ballspiele, die man mit stroh- oder schilfgefüllten Lederkugeln spielte. Die Vielfalt der möglichen Disziplinen zeigt den hohen Stellenwert sportlicher Freizeitbeschäftigungen im alten Ägypten.

Neben körperlicher Betätigung waren Denkspiele als Freizeitbeschäftigung in allen gesellschaftlichen Schichten sehr beliebt. Das Bekannteste von ihnen ist das Senet-Brettspiel, bei dem die Beteiligten versuchen mussten, mit verschiedenen Spielsteinen ein Spielfeld mit 20 oder 30 Feldern unter Umgehung gefährlicher Felder zu überqueren.

Die Kinder hatten ihre eigenen Spiele. Unter den Gruppenspielen waren Gleichgewichtsspiele wie der Drehkreis beliebt, bei dem ein Kind zwei andere an die Hände nahm und sie – sich selbst im Kreise drehend – um sich schwang. Daneben gab es Kraftproben-Spiele, wie das Tauziehen, und Geschicklichkeitsspiele, zu denen Reif- und Wurfspiele sowie das Fußhaschen gehörten. Ebenso haben sich Spielzeuge wie beispielsweise Puppen und geschnitzte Tierfiguren erhalten.

KAPITEL FÜNF

Niedergang und Fall um 1069 v. Chr.–641 n. Chr.

Politische Instabilität, territoriale Zerrissenheit und militärische Übergriffe im Norden und Süden des Landes kennzeichneten die 21. bis 24. Dynastie, auch als Dritte Zwischenzeit bezeichnet. Smendes, der Begründer der 21. Dynastie, verlegte die Hauptstadt von Piramesse in das nur wenige Kilometer entfernte Tanis. Dorthin ließ er auch zahlreiche Baudenkmäler versetzen.

Von Theben aus kontrollierten die Priesterkönige des Gottesstaates des Amun weite Teile des Landes, doch erkannten sie formal die Oberherrschaft des Pharaos im Norden an. Im Gegenzug verzichtete dieser auf eine direkte Einflussnahme im Süden. Beide Herrscherhäuser waren durch Heiratspolitik sogar auf dynastischer Ebene miteinander verbunden.

Scheschonk I.

Als besonders geschickter Politiker erwies sich der Begründer der 22. Dynastie, Scheschonk I., der direkt mit einem König der 21. Dynastie verwandt und von libyscher Abstammung war. Tanis blieb weiterhin königliche Residenz, doch gewann das südöstlich gelegene Bubastis als Kultzentrum der katzengestaltigen Göttin Bastet an Bedeutung. Scheschonk setzte seinen Sohn Iupet in das Amt des Hohepriesters von Theben ein und besetzte weitere wichtige Ämter mit loyalen Vertrauten. Auf diese Weise erhielt er eine Machtposition im oberägyptischen Gottesstaat. Wirtschaft und Handel florierten, und militärisch gelang Scheschonk ein bedeutender Erfolg: Er belagerte Jerusalem, wo man ihm die Palast- und Tempelschätze aushändigte, damit er die Stadt verschone. Die Kriegsbeute erlaubte ihm die Verwirklichung imposanter Bauprojekte. Zu den bedeutendsten Anlagen gehören das so genannte Bubastidentor, auf dem er seinen Triumph darstellen ließ, sowie ein großer Tempelhof in Karnak. Scheschonks Bemühungen um die Einheit des Landes war jedoch kein dauerhafter Erfolg beschieden, denn Ägypten spaltete sich im Verlauf der nächsten Dynastien erneut in kleine Lokalkönigtümer auf. Großen Einfluss hatte der Fürst von Sais, Tefnacht, doch formierte sich im Süden eine neue Herausforderung – das Königreich von Kusch. Als erstem König dieses Reichs gelang es Pije, einen Eroberungsfeldzug nach Ägypten zu unternehmen und sich in Oberägypten als legitimer Pharao durchzusetzen. Auf einer Stele am Gebel Barkal, einem Felsenheiligtum in Napata, verewigte Pije seinen Sieg über Tefnacht, den er in Sais einen Treueid schwören ließ. Der neue Herrscher stationierte in ganz Ägypten Truppenverbände und setzte in Theben seine Tochter Amenirdis als Gottesgemahlin des Amun ein. Der Einfluss der Gottesgemahlinnen des Amun war seit der 21. Dynastie stetig gewachsen, und über dieses mächtige Amt kontrollierten Pije und seine Nachfolger die Thebais. Tefnacht, noch immer in Sais, gelang es dennoch, sich im Delta als Pharao zu etablieren und die 24. Dynastie zu begründen.

Gegenüber: Goldene Mumienmaske Psusennes' I.; 21. Dynastie. 1939 stieß der französische Ägyptologe Pierre Montet in Tanis auf einige Königsgräber der Dritten Zwischenzeit. Die Maske ist aus massivem Gold mit Einlagen aus Lapislazuli.

Die Assyrer

Der Nachfolger von Pije wurde sein Bruder Schabaka, der vermutlich wegen der expansiven Politik von Tefnachts Erben Bokchoris einen erneuten Feldzug gegen Unterägypten führte. Im Gegensatz zu seinem Bruder konnte Schabaka dauerhaft die Kontrolle über

Oben: Das Gesicht des Gottes Bes wurde aus zwei spiegelbildlichen Hälften farbiger Glaspaste zusammengesetzt, ein neues Werkverfahren griechisch-römischer Zeit.

Unterägypten festigen und wurde der erste kuschitische Herrscher, der von Theben aus ganz Ägypten regierte. Die Herrscher aus dem Süden waren traditionellerweise sehr eng mit dem Gott Amun verbunden und erweiterten dessen Tempel in Karnak.

Die Situation im Vorderen Orient hatte sich in der Zwischenzeit dramatisch verändert: Die neue Großmacht Assyrien unterwarf ganz Syrien-Palästina und bedrohte auch die Deltafürsten Ägyptens. Schabaka und seine Nachfolger versuchten anfangs zögerlich, später aktiv, in die Auseinandersetzungen einzugreifen und der assyrischen Bedrohung entgegenzutreten. Im Jahr 701 v. Chr. stieß der assyrische König Sanherib nach Palästina vor und schlug die ägyptischen Truppen des Schebitku, des Neffen und Nachfolgers Schabakas. Noch griffen die Assyrer nicht nach Ägypten, sondern begnügten sich mit ihren neuen Vasallen in Syrien-Palästina.

Die Spannungen hielten jedoch an, und 671 v. Chr. unternahm Assyrien unter der Führung des Königs Asarhaddon einen direkten Angriff auf das Land am Nil. Das Delta wurde besetzt, und auch die alte Hauptstadt Memphis fiel in die Hände der Assyrer. Diese bestimmten den Fürsten von Sais, Necho, zum lokalen Vasallen. In der Folgezeit drang das assyrische Heer sogar bis nach Theben vor und plünderte die Stadt mit ihren Tempeln; assyrischen Quellen zufolge wurde dabei ein ganzer Obelisk als Beute abtransportiert. Tanutamun, der als letzter Kuschiten-König 664 v. Chr. den Thron bestieg, gelang die Rückeroberung von Memphis und Unterägypten, doch schon kurze Zeit später besiegte Assurbanipal, der Thronfolger Asarhaddons, das kuschitische Heer, das sich daraufhin nach Theben zurückzog. Psammetich I. wurde als Nachfolger Nechos Vasallenfürst der Assyrer.

Psammetich

Im eigenen Land gerieten die Assyrer immer mehr unter Druck, da das babylonische Reich zusehends erstarkte. Sie zogen daher ihre Verbände aus Ägypten ab und überließen das Land sich selbst. Psammetich I. nutzte das entstandene Machtvakuum für sich und gründete die 26. Dynastie mit Sitz in Sais. Zur Sicherung der eigenen Position befehligte er ionische und karische Söldner und kontrollierte bald das gesamte Delta. Die Machthaber in Mittelägypten suchten durch Heiratspolitik den Schulterschluss mit der saitischen Dynastie. Schließlich drang Psammetich mit den neuen Verbündeten bis nach Theben vor, wo er im neunten Jahr seiner Regierung die Herrschaft übernahm, indem er seine Tochter Nitokris als Gottesgemahlin des Amun einsetzte. Während die Assyrer mit ihren eigenen Problemen beschäftigt waren, konsolidierte er das Land und festigte die Grenzen gegen Einfälle aus dem westlichen Libyen.

Kunst und Denkmäler dieser Zeit zeugen nicht von bedeutsamen Neuerungen – vielmehr sind sie von einem Rückgriff auf ältere Vorbilder geprägt. Auf diese Weise versuchte man, an die große Vergangenheit des Landes anzuknüpfen.

Psammetichs Sohn und Nachfolger, Necho II., war bestrebt, nach dem Untergang des assyrischen Reichs die Pufferzone zwischen Babylon und Ägypten durch militärische Kampagnen in Palästina zu sichern, doch schlug Nebukadnezar 605 v. Chr. das ägyptische Aufgebot bei Karkemisch vernichtend. Vier Jahre später erfolgte ein direkter Angriff Babylons auf Ägypten, den Necho II. im Ostdelta allerdings erfolgreich abwehrte.

Nechos Nachfolger Psammetich II. führte die begonnene Politik fort und vermied offene Konflikte mit Babylon. In Nubien jedoch hatte er mit Unruhen zu kämpfen. Mit Blick auf die außenpolitische Situation forcierte Psammetich II. den Ausbau eines stehenden Heeres und

einer Mittelmeerflotte. Sein innenpolitisches Interesse galt in starkem Maß der Auslöschung des Andenkens an die kuschitischen Herrscher.

Apries, der vierte König der 26. Dynastie, suchte die direkte Konfrontation mit Nebukadnezar, der nach Palästina vordrang und Jerusalem belagerte. Der ägyptische Herrscher entsandte ein Heer nach Palästina und schickte die ägyptische Flotte zum Angriff auf phönizische Küstenstädte. Die Einnahme Jerusalems konnte er jedoch nicht verhindern, und so zog er seine Truppen nach Ägypten zurück. Jüdischen Flüchtlingen, die der babylonischen Gefangenschaft entgangen waren, gewährte er auf der Nilinsel Elephantine Asyl.

Amasis

Im Jahr 570 v. Chr. schaltete sich Apries erneut in einen Konflikt ein, der ihm diesmal jedoch zum Verhängnis werden sollte. Der libysche Fürst Adikran bat um Unterstützung gegen die griechische Kolonie Kyrene. Apries schickte Truppen, die den Kyrenern in der Schlacht aber unterlagen. Das Heer, darunter viele griechische Söldner, meuterte und rief den General Amasis, der eigentlich zur Beilegung der Streitigkeiten entsandt worden war, zum König aus. In der Nähe von Memphis kam es zu einer Konfrontation, bei der Apries fiel. Amasis bestieg den Thron und ließ seinen Vorgänger mit dem Ziel, die eigene Legitimität zu stärken, standesgemäß bestatten.

Der Überlieferung zufolge soll es sich bei Amasis um einen griechenfreundlichen und klugen, doch trunksüchtigen Herrscher gehandelt haben. Der König erfreute sich großer Beliebtheit beim Volk. Er betrieb eine aktive Integrationspolitik der ausländischen, vor allem der griechischen Söldnertruppen und heiratete eine Griechin aus Kyrene. Die griechische Handelsniederlassung Naukratis erhielt Privilegien, die ihr zu einer wirtschaftlichen Monopolstellung verhalfen. Als Begründer der „Saitischen Renaissance" ließ er alte Schriften sammeln und Reliefs vergangener Epochen kopieren. Das Demotische, eine stark verkürzte Version der hieratischen Schreibschrift, wurde nun zur offiziellen Kanzleischrift.

Persien

Der Sohn Amasis', Psammetich III., bestieg 526 v. Chr. für kurze Zeit den Thron, doch er sah sich bereits ein Jahr später einem übermächtigen Feind gegenüber: der neuen Großmacht Persien. Dessen Heer unter Führung des Großkönigs Kambyses hatte sich mit einer Flotte über

Links: Hieroglyphen vom Sarg des Petosiris aus Tuna el-Gebel. Die in farbiger Glaspaste eingelegten Hieroglyphen zieren den zum Sarg des Petosiris – eines hohen Würdenträgers in der unruhigen Zeit der Machtübernahme durch die Ptolemäer – gehörenden Deckel.

den pelusischen Nilarm eingeschifft. Durch den Verrat der Verteidigungsstellungen unterlag das ägyptische Heer in der Schlacht bei Pelusium; Kampyses rückte bis Memphis vor, nahm die Stadt ein und ließ sich in Sais zum Pharao krönen. Psammetich III. wurde nach einem versuchten Aufstand hingerichtet.

Kambyses, der erste König der 27. Dynastie, war der Begründer der persischen Herrschaft über Ägypten, die etwa 120 Jahre andauerte. Während die Perser zunächst hart gegen jede Opposition vorgingen, bemühte sich insbesondere Dareios I., der Nachfolger des Kambyses, um die Akzeptanz der Ägypter. Er errichtete in der Oase Charga den berühmten Hibistempel sowie eine weitere Kultstätte bei Qasr-Ghouita. Dort forcierte er auch Bewässerungsprojekte, deren Erträge Persien zugute kommen sollten. Auf seinen Wunsch hin arbeitete eine Kommission 16 Jahre an der Kodifizierung des ägyptischen Rechtssystems. Das Land genoss eine längere Phase der Stabilität, bis das persische Reich 490 v. Chr. in der Schlacht von Marathon gegen die Griechen eine verheerende Niederlage erlitt. Nun hoffte man auch in Ägypten und Babylonien auf Unabhängigkeit, und es kam zu Revolten gegen die Perser.

Unten: Fragmente farbiger Glaseinlagen aus Alexandria. In griechisch-römischer Zeit war die Metropole am Mittelmeer der Hauptabnehmer und Umschlagplatz der ägyptischen Glasproduktion.

Im Jahr 486 v. Chr. bestieg Xerxes als Nachfolger des Dareius den persischen Thron und ließ Unruhen unerbittlich niederschlagen. Um Ägypten enger an Persien zu binden, integrierte er das Land als Satrapie in das Großreich. Die Spannungen zwischen Einheimischen und Besatzern nahmen während seiner 21-jährigen Regierung stark zu, sodass sich sein Nachfolger Ataxerxes I. bei seinem Regierungsantritt 465 v. Chr. mit Aufständen im Delta konfrontiert sah. Trotz der Unterstützung durch griechische Truppen, die auf 200 Schiffen nach Ägypten ausliefen, gelang es den Ägyptern nicht, sich aus den Klauen des persischen Großreichs zu befreien. Obwohl die Unruhen im Untergrund weiterschwelten, kam es weder unter Ataxerxes I. noch seinem Nachfolger Dareius II. zum offenen Widerstand.

Erst 401 v. Chr., drei Jahre nach dem Tod Dareios' II., konnte der saitische Prinz Amyrtaios Streitigkeiten um die Thronfolge in Persien nutzen und vom Delta aus ganz Ägypten unter seine Kontrolle bringen. Amyrtaios begründete die 28. Dynastie, deren einziger König er war und die mit knapp fünf Jahren Dauer zugleich die kürzeste der Geschichte bleiben sollte.

Unter unklaren Umständen übernahm Nepherites I. die Herrschaft und gründete die 29. Dynastie, die vier Könige aus Mendes im Delta hervorbrachte. Nepherites unterstützte Sparta mit Getreide im Kampf gegen die Per-

ser, und sein Nachfolger Achoris schloss antipersische Bündnisse mit Athen und Zypern. Zwar konnte er 385 v. Chr. einen Angriff der Perser zurückschlagen, doch ging die Dynastie schießlich unter. Ein General namens Nektanebos ergriff die Macht und gründete die letzte einheimische Dynastie Ägyptens.

Die 30. Dynastie

Nektanebos I. gelang es, das bereits bis ins Delta vorgerückte Heer der Perser erneut abzuwehren, wobei ihm ein großer, gegen den persischen König gerichteter Aufstand in Kleinasien unerwartet zu Hilfe kam. Nektanebos' Regierungszeit und auch die seiner Nachfolger war geprägt von dem Versuch, an das große Erbe der Pharaonen anzuknüpfen – ständig bedroht durch das persische Imperium. Nektanebos II., dem letzten König der 30. Dynastie, blieb ein knappes Jahrzehnt friedlicher Herrschaft, während der das Perserreich mit der Behauptung seiner Vormachtstellung in Kleinasien beschäftigt war.

In dieser Zeit erstarkte Ägyptens Position. Im Winter 343 v. Chr. jedoch drang Ataxerxes III. mit einer 300000 Mann starken persischen Armee in das Delta ein und unterwarf von dort aus nach und nach ganz Ägypten; die zweite Perserherrschaft war angebrochen. Nektanebos II. floh nach Oberägypten wo sich seine Spur verlor.

Oben: Spätzeitliche Bronzefigur einer Katze, dem Attributtier der Göttin Bastet. Unter den libyschen Pharaonen der 22. Dynastie, die ihren Sitz in Bubastis hatten, erreichte der Kult um die Katzengöttin einen ersten Höhepunkt.

Alexander der Große

Die zweite persische Herrschaft, als 31. Dynastie gezählt, währte nur knapp ein Jahrzehnt. Im Jahr 332 v. Chr. begann eine neue Ära: Alexander der Große betrat ägyptischen Boden. Zuvor hatte er die Perser in der Schlacht von Issos im November 333 v. Chr. vernichtend geschlagen und der persischen Oberhoheit im östlichen Mittelmeerraum und dem gesamten Vorderen Orient ein plötzliches Ende bereitet. Der große Feldherr stieß in Ägypten auf wenig Widerstand, und der persische Statthalter, dem kaum mehr Truppen zur Verfügung standen, übergab das Land kampflos.

In Heliopolis und Memphis opferte Alexander den ägyptischen Göttern und übernahm damit die Rolle des Pharaos. Zusätzlich trat er eine Reise in die Oase Siwa zum damals weltberühmten Orakel des Amun an, um sich als Sohn des Reichsgottes und als Herrscher der Welt bestätigen zu lassen. Münzen zeigen ihn von nun an mit dem Gehörn eines Widders, dem Attributtier des Gottes Amun, der auf theologischer Ebene dem griechischen Zeus entsprach.

Alexander der Große verließ Ägypten zwar schon bald wieder, doch blieb genug Zeit, um zu Beginn des Jahres 331 v. Chr. nahe dem kleinen Fischerdorf Rhakotis am westlichen Küstenstreifen des Nildeltas eine Stadt zu gründen, die seinen Namen tragen sollte: Alexandria. Der Legende nach zeichnete der Feldherr den Stadtplan mit den rechtwinkelig zueinander verlaufenden Straßenzügen, dem Marktplatz sowie einigen Heiligtümern eigenhändig in den Sand. Auch in anderen Teilen seines Riesenreichs gründete Alexander Städte, die sich zu Zentren der griechischen Kultur entwickelten. Keine davon erreichte jedoch die Größe und Bedeutung des ägyptischen Alexandria, das Memphis als Hauptstadt schon bald ablöste. Unter Alexanders Nachfolgern entwickelte sich die Stadt zum geistigen und kulturellen Mittelpunkt der hellenistischen Welt; in ihrer Blütezeit übertraf die Metropole selbst das antike Rom.

Weltberühmt waren die Bibliothek von Alexandria sowie das Museion, in dem die bedeutendsten Gelehrten ihrer Zeit lebten und arbeiteten. Der Leuchtturm – eines der sieben Weltwunder der Antike – wies Schiffen den sicheren Weg in den Hafen. Tragischerweise blieb nichts davon erhalten: Ein Brand vernichtete 48 v. Chr. große Teile der Bibliothek und des Museions, der Leuchtturm stürzte durch mehrere Erdbeben ein, die sich zwischen dem 10. und dem 14. Jh. ereigneten.

Die Ptolemäer

Alexander beließ lokale Machthaber zwar in ihren Positionen, ordnete die Zentralverwaltung jedoch neu; zivile und militärische Belange unterstanden nun getrennten Verwaltungsleitern. Nach Alexanders Abreise schwang sich der Statthalter Kleomenes kurz zum Oberhaupt des Landes auf. Mit dem plötzlichen Tod Alexanders des Großen am 10. Juni 323 v. Chr. in Babylon ging der Thron zunächst an seinen Halbbruder Philipp Arrhidaios, dann an seinen Sohn Alexander IV. Während ihrer insgesamt 19-jährigen Herrschaft wurde das Riesenreich faktisch von den Generälen Alexanders des Großen regiert.

Nach der Ermordung Alexanders IV. teilten diese das Reich unter sich auf. Ägypten fiel an den dort bereits seit 323 v. Chr. als Statthalter regierenden General Ptolemaios, der sich 305 v. Chr. in Memphis zum Pharao Ptolemaios I. Soter krönen ließ – sein Epitheton, das auch Zeus und andere griechische Götter tragen, bedeutet „der Retter". Es sollten ihm noch 14 weitere Könige des Namens Ptolemaios auf den Thron folgen, bis 275 Jahre später auch die Herrschaft der Griechen über das Land am Nil schließlich ein Ende hatte.

Erst einmal aber stieg die Zahl griechischer Einwanderer sprunghaft an; in vielen Orten Ägyptens ließen sich Griechen nieder oder gründeten neue griechische Siedlungen. Die griechische Sprache beherrschte schon bald das öffentliche Leben. Die Architektur vor allem in Alexandria war nahezu gänzlich hellenistisch; daneben existierte vornehmlich in Unterägypten ein eigenwilliger Mischstil aus hellenistischen und pharaonischen Elementen, während Oberägypten zunächst verhältnismäßig unbeeinflusst blieb.

Die ptolemäischen Herrscher waren bestrebt, ihre Macht durch Toleranz gegenüber den Sitten und Gebräuchen der einheimischen Bevölkerung einerseits und Rücksicht auf die nunmehr griechische Oberschicht andererseits zu erhalten. Die Thronfolge suchten sie durch Mitregentschaften zu sichern, Geschwisterehen sollten die eigene Legitimität erhöhen, ein ausgeprägter

Unten: Vignette aus dem Totenbuch der Her-weben, Sängerin des Amun, das die Verstorbene bei der Arbeit in den Jenseitsgefilden zeigt. Der zugehörige Spruch sollte ihr ermöglichen, „dort zu pflügen und zu ernten […] und alles zu tun, was auf Erden getan wird".

Ahnenkult sollte die dynastische Kontinuität gewährleisten. Ptolemaios II. Philadelphos erhob seine Schwestergemahlin Arsinoe II. nach deren Tod in den Rang einer Göttin – ein Vorbild, dem auch andere Könige folgten. Zugleich war der Baubeginn des Isistempels auf der Nilinsel Philae unter seiner Regierung der Auftakt zu einer ganzen Reihe großer Tempelbauten im Land. In ihnen wurden vornehmlich ägyptische Götter verehrt, denen griechische Pharaonen auf den Reliefs der Tempelwände opferten. Ptolemaios I. Soter hatte darüber hinaus mit dem neuen Gott Serapis geschickt eine Synthese aus griechischen und ägyptischen Göttern geschaffen.

Hinter all diesen Maßnahmen, so weise und wohlwollend sie auch zu sein schienen, stand ein unbedingter Wille zur Macht. Die Steuern für die einheimische Bevölkerung waren erdrückend hoch, und die griechische Oberschicht beutete das Land gemeinsam mit einer kleinen ägyptischen Elite ungeniert aus. Schon bald regte sich Widerstand, und während der Regierungszeit Ptolemaios' IV. Philopator kam es 206 v. Chr. in der Thebais zum Aufstand. Oberägypten erlangte für knapp zwei Jahrzehnte die Unabhängigkeit; während dieser Zeit regierten Herwennefer und Anchwennefer nacheinander als einheimische Pharaonen in Theben.

Doch bereits unter dem Nachfolger des vierten Ptolemäers, seinem Sohn Ptolemaios V. Epiphanes, gelang die gewaltsame Wiedereingliederung Oberägyptens in das ptolemäische Reich. Ptolemaios V., als Vierjähriger bereits Waise und Spielball höfischer Intrigen, wurde im Alter von 14 Jahren in Memphis zum Pharao gekrönt; einen Tag später, am 27. März 196 v. Chr., erließ er ein Dekret anlässlich seiner Thronbesteigung, das königliche Stiftungen und Privilegien für bestimmte Tempel und Priester regelte. Der Wille des jugendlichen Pharaos wurde auf einer Stele verewigt, die den Text in Hieroglyphen, auf Demotisch und Griechisch enthielt. Als Stein von Rosette sollte sie Jahrhunderte später dem Franzosen Jean François Champollion den Schlüssel zur Entzifferung der Hieroglyphen liefern.

Ptolemaios V. konnte zwar die innere Einheit des Landes erzwingen, das ptolemäische Imperium erlitt jedoch herbe Verluste. Die Herrschaft über Syrien, Anatolien und Thrakien ging verloren, zudem lähmten brutale Machtkämpfe innerhalb der Königsfamilie das Reich.

Euergetes II.

Im Frühjahr 180 v. Chr. wurde Ptolemaios V. von seinen Generälen vergiftet, nachdem er gedroht hatte, Privatvermögen zur Finanzierung eines Feldzugs zu beschlagnahmen. Seine Gemahlin Kleopatra, die erste Königin dieses Namens, übernahm daraufhin die Regentschaft für ihren noch minderjährigen Sohn Ptolemaios VI. Philometor. Der Tod der Königin vier Jahre später bedeutete einen erneuten schweren Schlag für das Reich; aufstrebende Höflinge übernahmen nun die Macht und führten das Land mit einem Krieg gegen Syrien an den Rand des Abgrundes. Ptolemaios VI. wurde mit seiner Schwester

Rechts: Vergoldete Holzstatue des Gottes Osiris, der als Herrscher der Unterwelt und oberster Richter des Jenseits galt

Kleopatra II. vermählt, wenig später inthronisierte man auch den jüngeren Bruder der beiden als Ptolemaios VIII. Dies sollte der Anfang eines lebenslangen, mit brutalsten Mitteln geführten Kampfs der drei Geschwister um den Thron werden.

Als die syrische Armee in Ägypten einmarschierte, erklärte sich Ptolemaios VIII. in Abwesenheit seines älteren Bruders zum alleinigen Herrscher. Später nahm er den Beinamen Euergetes („Wohltäter") an, den bereits sein Urgroßvater Ptolemaios III. getragen hatte. Seine tyrannische Regierung machte ihn bei den Alexandrinern jedoch schnell äußerst unbeliebt. Nach dem Abzug der syrischen Truppen schaltete sich die neue Großmacht Rom als Vermittlerin in den Konflikt ein: Ptolemaios VIII. Euergetes II. erhielt die Kyrenaika, Ptolemaios VI. und Kleopatra II. herrschten wieder über Ägypten. Für geraume Zeit blieb die Situation stabil, doch der schwelende Konflikt mit Syrien führte erneut zu Kampfhandlungen, in deren Verlauf Ptolemaios VI. im Juni 145 v. Chr. ums Leben kam.

Euergetes II. wurde als König zurück nach Alexandria geholt. Aus dynastischen Gründen heiratete er die Königswitwe, seine Schwester Kleopatra II. Deren Sohn aus erster Ehe, ein potenzieller Thronanwärter, wurde auf sein Geheiß hin noch während der Hochzeitsfeierlichkeiten ermordet. Kurz darauf heiratete er auch seine Nichte, die Tochter Kleopatras II. aus ihrer Ehe mit Ptolemaios VI. Als Kleopatra III. regierte sie nun zusammen mit ihrer Mutter und Euergetes II. über Ägypten.

Doch noch war der Gipfel an Brutalität und Skrupellosigkeit im ptolemäischen Königshaus nicht erreicht. Nach knapp zehn Jahren gemeinsamer Regierung kam es zu Unruhen in Alexandria, an deren Urheberschaft Kleopatra II. nicht unbeteiligt gewesen sein dürfte. Euergetes II. und Kleopatra III. flohen mit ihren Kindern nach Zypern, woraufhin sich Kleopatra II. zur alleinigen Königin Ägyptens ausrufen ließ. Die Antwort aus Zypern kam prompt: Euergetes II. befahl die Ermordung des eigenen Sohns aus der Verbindung mit der abtrünnigen Kleopatra. Den zerstückelten Leichnam des etwa Vierzehnjährigen schickte er nach Alexandria und ließ ihn der Königin am Vorabend der Feiern zu ihrem Geburtstag zustellen.

Als sich nach wenigen Jahren die politische Situation zu Ungunsten Kleopatras II. veränderte, kehrte Euergetes II. mit seiner Gattin nach Alexandria zurück. Es kam zur wenigstens formellen Versöhnung der verfeindeten Parteien, und bis zum Tod Ptolemaios' VIII. Euergetes II.

Rechts: Ausschnitt aus dem Totenbuch der Her-weben. Die Verstorbene ist hier in einer Reinigungsszene dargestellt.

Gegenüber: Anthropomorpher Sarkophag einer Frau mit langer Strähnenperücke und dunkler Gesichtsfarbe. Zwischen den auf der Brust gekreuzten Armen befindet sich eine kleine Abbildung, die die Besitzerin zeigt, wie sie dem Jenseitsgott Osiris huldigt.

im Jahr 116 v. Chr. wurde die Dreierregierung unter Beteiligung Kleopatras II. fortgesetzt. Die Situation verschärfte sich nun jedoch erneut, da es keinen designierten Thronfolger gab und die rivalisierenden Königinnen sich nicht auf einen gemeinsamen Kandidaten einigen konnten.

Kleopatra III. favorisierte ihren jüngeren Sohn Ptolemaios X. Alexander I., doch setzte sich ihre Mutter durch und berief dessen älteren Bruder Ptolemaios IX. Soter II. zum Mitregenten. Nach dem baldigen Tod Kleopatras II. regierte dieser allein mit seiner Mutter Kleopatra III. Die Alexandriner gaben dem König die wenig schmeichelhaften Spitznamen „Lathyros" (Kichererbse) und „Physkon" (Fettwanst). Der jüngere Bruder hatte sich unterdessen in Zypern zum König erklärt.

Kleopatra

Dieser Status quo hielt etwa sieben Jahre lang, doch dürfte Kleopatra III. das ursprüngliche Ziel, ihren jüngeren Sohn als Mitregenten einzusetzen, nicht aus den Augen verloren haben. Die aufgeheizte Stimmung in Alexandria zwang Soter II. schließlich zur Flucht vor seiner Mutter Kleopatra III. Als er aus diesem Grund nach Zypern ging, kehrte sein jüngerer Bruder nach Alexandria zurück und stieg zum Mitregenten auf.

Kleopatra III. war auf dem Höhepunkt ihrer Macht, ja sie führte sogar selbst einen Feldzug nach Syrien an. Am Ende sollte sie jedoch das gleiche verhängnisvolle Schicksal wie viele ihrer Familienmitglieder ereilen: Sie wurde vom eigenen Sohn und neuen Mitregenten ermordet.

Soter II. gelang es, nach Ägypten zurückzukehren und seinen Bruder Alexander I. zu vertreiben. Er blieb acht Jahre an der Macht, bevor nach seinem Tod 81 v. Chr. seine Tochter Kleopatra Berenike III. den Thron bestieg.

Rom versuchte nun, aktiv Einfluss auf die Thronfolge zu nehmen, und veranlasste eine Heirat der Königin mit Ptolemaios XI. Alexander II., dem Sohn des auf Zypern gefallenen Alexander I. Doch bereits 18 Tage nach der Hochzeit erlebte Rom die Fortsetzung der ptolemäischen Familiengeschichte: Alexander II. tötete seine Frau und Stiefmutter Kleopatra Berenike III. und wurde von den aufgebrachten Alexandrinern daraufhin selbst massakriert.

Der Thron fiel nun an Ptolemaios XII. Neos Dionysos, einem illegitimen Sohn Soters II. Der neue Herrscher schaffte es mithilfe von Bestechungen und Intrigen, Ägyptens Souveränität gegenüber Rom 29 Jahre lang zu wahren. In dieser Zeit zeugte er fünf Kinder.

Nach vielen Wirren und weiteren Morden trat seine Tochter, die berühmteste Kleopatra, an die Spitze des Landes. Diese von Historikern als Kleopatra VII. Philopator gezählte Königin konnte sich gegen Rom nicht länger behaupten. Mit ihrem tragischen Ende im Jahr 30 v. Chr. fällt Ägypten in die Hände Oktavians, des späteren Kaisers Augustus (zu Kleopatra VII. siehe S. 224).

Das römische Ägypten

Das Land am Nil wurde nun zur römischen Provinz Aegyptus, die dem Kaiser direkt unterstellt war. Nach vielen glanzvollen Epochen erlitt das einst grandiose Pharaonenreich das Schicksal einer zur Ausbeutung freigegebenen „Kornkammer Roms".

Augustus und seine Nachfolger trugen zwar formal den Titel eines Pharaos – einige dieser Herrscher errichteten sogar neue Tempel für die ägyptischen Götter –, doch verblassten Ruhm und Glanz des Reichs zusehends, und weite Teile der Bevölkerung verarmten unter der enormen Steuerlast.

Die schlechte soziale Situation begünstigte die Verbreitung einer neuen Heilslehre: Das Christentum trat seinen Siegeszug an. Nach anfänglicher Verfolgung vor allem unter Kaiser Diokletian stieg der christliche Glaube unter Konstantin 324 n. Chr. zur Staatsreligion auf. Nach und nach wurden die nunmehr als heidnisch erachteten Tempel der alten Götter geschlossen, die Gebäude abgerissen oder zweckentfremdet. In Ägypten endete die Zeit der alten Götter endgültig mit der Schließung des Isistempels auf Philae im Jahr 536 n. Chr.

Nach kaum 100 Jahren religiöser Vorherrschaft wurde das Christentum allerdings selbst von einer neuen Lehre verdrängt, denn mit der arabischen Eroberung Ägyptens 641 n. Chr. wurde der Islam zum zentralen Glauben. Die Christen konnten sich jedoch als Minderheit bis heute innerhalb der koptischen Kirche behaupten. Eroberungen durch die Araber folgten im Lauf der Jahrhunderte weitere durch die Türken, die Franzosen und die Engländer. Erst 1953 wurde das Land als Arabische Republik Ägypten erneut unabhängig.

Kaum ein anderes Land der Erde brachte im Lauf seiner Geschichte vergleichbare Kulturgüter hervor wie das alte Ägypten, kaum ein anderes verfügt über ein vergleichbares kulturelles Erbe. Noch heute, im 21. Jh., strahlt das Reich der Pharaonen eine Faszination aus, der sich nur die wenigsten entziehen können.

Gegenüber: Das Porträt einer Unbekannten. Der unter der Bezeichnung „La Dame d'Alexandrie" bekannte Statuenkopf stammt aus ptolemäischer Zeit (332–30 v. Chr.) und ist gänzlich dem griechischen Stil verhaftet.

Oben links: Goldener Armreif mit einem eingelegten Skarabäus aus Lapislazuli, der zur Bestattung Scheschonks II. aus der 22. Dynastie gehörte. Der falkenköpfige Sarg des Königs aus reinem Silber wurde in der Vorkammer der Grabanlage Psusennes' I. entdeckt, des zweiten Herrschers der 21. Dynastie. Die Königsgräber in Tanis gehören neben dem Grab Tutanchamuns zu den spektakulärsten archäologischen Entdeckungen in Ägypten.

Oben rechts: Den durchbrochen gearbeiteten Armreif schmücken beidseitig große Lapislazuli-Skarabäen mit geöffneten Flügeln, die aus dem Symbol für Ewigkeit emporsteigen und die Sonnenscheibe vor sich herrollen – Sinnbild für die immer währende Erneuerung und Entstehung des Himmelskörpers am Morgen. Neben den Schließen nennen Kartuschen den Pharao Psusennes I., obwohl der Armreif aus der Bestattung des Königs Amenemope in Tanis stammt.

Links: Rückseite eines goldenen Pektorales, das Amenemope, den Nachfolger Psusennes' I., beim Opfer vor dem Gott Osiris, dem „Herrn der Ewigkeit", zeigt. Die Szene wird von einem der Tempelarchitektur nachempfundenen Rahmen eingefasst; den oberen Abschluss bildet eine Hohlkehle mit geflügelter Sonnenscheibe, den Sockel zieren abwechselnd die Zeichen für Dauer und Schutz. Auf der Vorderseite des Pektorales ist die Szene spiegelbildlich, in erhabener Gravur zu sehen.

Rechts: Pektorale mit aufwändiger Einlegearbeit aus Gold, Karneol, Lapislazuli, Feldspat und rotem Jaspis aus dem Grab Psusennes' I. Das Motiv symbolisiert den Wunsch des Königs, sich wie der Sonnengott zu regenerieren und an dessen morgendlichem Aufgang teilzuhaben. Dies wird auch durch die königlichen Namenskartuschen, die den Skarabäus flankieren, deutlich. Über diesem erscheint der geflügelte Sonnengott, begleitet von Uräen. Links und rechts knien die Göttinnen Nephthys und Isis. „Ich bin gekommen, um dein Schutz zu sein", geben die Göttinnen in der Inschrift bekannt, denn sie sind es, die den Leichnam des Osiris im Mythos vor der völligen Zerstörung bewahrt haben. Auf diese Weise verbindet die Szene Aspekte des Sonnenlaufs mit denjenigen des Osirismythos zu einer Aussage über die ewige Existenz des Königs im Kreis der Götter.

Rechts: Detail des Deckels eines anthropomorphen Sarges, der die Darstellung der geflügelten Himmelsgöttin Nut zeigt, darüber eine Reihe verklärter Ach-Geister, die vor ihren Schreinen thronen. Die Göttin Nut erscheint häufig auf Särgen, da sie eng mit dem Sonnenlauf verbunden ist; als Göttin, die die Sonne am Abend verschlingt und am Morgen neu gebiert, symbolisiert sie den Wunsch des Verstorbenen, ebenfalls neu geboren zu werden. Vignetten des Totenbuchs zeigen die Göttin, wie sie sich über ihren Gemahl, den Erdgott Geb, wölbt und so das Firmament bildet; ihre Arme und Beine entsprechen dabei den vier Himmelsrichtungen. Nach der von dem griechischen Schriftsteller Plutarch überlieferten Version des Osirismythos vereinigten sich Geb und Nut einst in aller Heimlichkeit. Darüber erzürnt, verbot der Sonnengott Re der Göttin Nut, an irgendeinem der 360 Tage des ägyptischen Kalenders zu gebären. Dem Schreibergott Thot gelang es jedoch, dem Mond im Spiel fünf zusätzliche Tage abzugewinnen, die er dem Jahr am Ende hinzufügte. Dies sind die Geburtstage der Götter Osiris, Isis, Seth, Nephtys und Horus. Die als Epagomenen bezeichneten Tage galten allgemein jedoch als wenig Glück bringend.

Umseitig: Detail einer Sargmalerei, die Osiris, den Herrscher der Unterwelt, zeigt. Vor und hinter der Gottheit sind zwei Udjat-Augen zu erkennen, wirkmächtige Symbole der Regeneration. Im Mythos reißt Seth dem Horus die Augen aus, doch dessen Sehkraft wird durch die Göttin Hathor wiederhergestellt. Das Udjat – wörtlich „unverletzte“ – Auge ist daher häufiger Bestandteil der Ikonografie von Särgen als Symbol für die erhoffte Wiederbelebung im Jenseits.

Oben: Abgesehen von dem Grabschatz Tutanchamuns, sind nur die Königsgräber in Tanis als unmittelbare Informationsquelle für die Frage der Ausstattung einer königlichen Mumie erhalten. In beiden Fällen waren goldene Fingerkappen über die einzeln bandagierten Finger gestülpt, die zusätzlich mit goldenen Ringen versehen sein konnten. Der im Tod zum Gott gewordene Pharao besaß auf diese Weise Gliedmaßen aus Gold, dem „Fleisch der Götter".

Rechts: Ein Paar goldene Sandalen Scheschonks II. aus Tanis. Die Sandalen mit einer Sohle aus Goldblech und Riemen aus dickem Golddraht wurden im Sarg des Königs gefunden. Für die Jenseitsreise bedurfte ein Pharao offenbar Schuhwerks, das seiner würdig war. Die Mumie Tutanchamuns besaß ebenfalls ein Paar goldener Sandalen.

Oben: Goldene Schale des Wen-djebau-en-djed aus dessen Grab in Tanis. Dieser hohe Würdenträger war General und Hohepriester unter Psusennes I. und erhielt von seinem König offenbar das Privileg, sich in dessen Grabanlage mitbestatten zu lassen. Die Schale mit ihrem Palmettendekor und dem angesetzten Henkel entspricht nicht der Formensprache ägyptischer Kunst und geht auf Vorbilder aus Mesopotamien und dem östlichen Mittelmeerraum zurück. Die Pharaonen der 21. Dynastie, deren zweiter Herrscher Psusennes I. war, kontrollierten vom Delta aus Unterägypten, während in Oberägypten die Hohepriester des Amun regierten. Die Machtausübung scheint in gegenseitigem Einvernehmen erfolgt zu sein, denn Psusennes ließ sich im Sarkophag eines früheren Pharaos bestatten, den man dazu erst aus dem Tal der Könige, dem Machtbereich der Hohepriester, nach Tanis hatte bringen müssen.

Oben: Schwarzgrundiger Sarg des Nes-pa-wer-schefi, der den Schreibern des Amuntempels in Karnak vorstand; 22. Dynastie. Das Detail zeigt den Sonnengott, umfangen von den Armen der Himmelsgöttin Nut und angebetet von zwei widderköpfigen „Großen Göttern". Darunter liegt Osiris, der in seinem Aspekt als Korngott Neper dargestellt ist. Erscheint die Sonne über ihm, so „entstehen frische Pflanzen", und Korn wächst in den Gefilden des Jenseits, „wenn Re über dem Leib des Osiris leuchtet". Gleich zwei Aspekte des Jenseitsglaubens kommen hier zum Ausdruck: Zum einen steht das wachsende Korn für die notwendige Versorgung mit Nahrung in der Unterwelt, zum anderen verkörpern die begrabenen und durch die Kraft der Sonne neu keimenden Pflanzen das Schicksal des Totengottes Osiris, an dem der Verstorbene teilhaben möchte. Ein so genannter Kornosiris setzte diesen Wunsch gegenständlich um: Dabei handelt es sich um eine mit Erde gefüllte Form in Gestalt des Osiris, in die man Körner streute und die dem Verstorbenen mit ins Grab gelegt wurde.

Oben: Detail des Sargs des Nes-pa-wer-schefi, das den Lauf der Sonne darstellt. Eine der zahlreichen Sinnbilder der alten Ägypter zur Bewegung der Sonne über den Himmel war das der Fahrt in einer Barke. In dieser Szene erscheint der Sonnengott Re mit Falkenkopf in der Hieroglyphe für „Horizont“, eine Chiffre für seine Form als Re-Harachte, „Re, der horizontische Horus“. Links und rechts begrüßen zwei Paviane den Gott mit erhobenen Armen. Dass Paviane häufig als Anbeter des Sonnengottes erscheinen, hängt wohl mit dem natürlichen Verhalten der Tiere bei Sonnenaufgang zusammen, wenn vor allem die Männchen wild brüllen und gestikulieren. Die Paviane spielen hier zugleich auf die Vorstellung vom Mond als Nachtsonne an, da sie die Attributtiere des Mondgottes Thot waren. Die Barke erscheint über der Darstellung des Erdgottes Aker, durch den die Nachtfahrt der Sonne führt; ihr Aufgang ist das „Herauskommen aus Aker“. Die Beischriften des Aker nennen ihn in dieser Darstellung entsprechend „Herr der Unterwelt“ und „Herr des Westens“. Aker wird häufig als doppelköpfiger Sphinx abgebildet.

Gegenüber: Dieser mumienförmige Sarg aus der Spätzeit orientiert sich mit seiner wulstigen Perücke, den Augeneinlagen und dem schlichten Halskragen an älteren Vorbildern. Ein eigener, für die Spätzeit typischer Stil bleibt jedoch erkennbar. Vereinzelte Rückgriffe auf frühere Zeiten gab es zwar im Lauf der pharaonischen Geschichte des Öfteren, doch ab der 25. Dynastie traten sie derart vermehrt auf, dass man von einer „Renaissance" oder gar einem „Archaismus" in der Kunst spricht. Einer der Gründe für dieses Phänomen dürfte der Wunsch gewesen sein, in politisch schwierigen Zeiten an alte Größe anzuknüpfen, ein weiterer die bewusste Abgrenzung und Betonung der eigenen kulturellen Identität, denn während der Spätzeit siedelten sich zahlreiche Immigranten aus dem Vorderen Orient und der Ägäis in Ägypten an. In Naukratis bildeten Griechen sogar eine eigene Kolonie.

Oben: Szene aus der so genannten Lirinon-Platte; 26./27. Dynastie. Sie zeigt die Produktion von Lirinon-Parfüm: Rechts pressen Frauen Blüten über einem Gefäß aus, links wird die so gewonnene Essenz abgefüllt. Das Relief ahmt mit seiner strengen Formalität und den kurzen, erläuternden Beischriften der Szenen, wie „auspressen" über der rechten und „abgießen" über der linken, Vorbilder des Alten Reichs nach. Diese Phase des „Archaismus" in der Kunst geht mit dem Einfall der Perser 525 v. Chr. und ihrer nahezu 120 Jahre währenden Herrschaft über das Land langsam zu Ende. Einige persische Herrscher, wie Dareios I., erschienen auf Reliefs allerdings weiterhin als Pharaonen in dem dafür typischen Ornat.

Rechts: Die Mammisi des Hathortempels von Dendera. Spätestens seit dem Alten Reich befand sich in Dendera das Hauptkultzentrum der Hathor, der Göttin der Liebe, Freude und Musik. Der heute erhaltene Haupttempel datiert vornehmlich aus ptolemäischer und römischer Zeit. Auch zwei dem Tempel vorgelagerte Mammisi sind erhalten. Vorn links im Bild ist das ältere der beiden aus der Zeit Nektanebos' I. zu erkennen, daneben befinden sich die Reste einer koptischen Kirche, ganz rechts sieht man den Neubau aus römischer Zeit mit Darstellungen des Kaisers Trajan. Als Mammisi oder Geburtshaus bezeichnet man kleinere Tempel, die den im Zusammenhang mit der Geburt des Kindgottes einer lokalen Götterfamilie abgehaltenen Riten dienten. In Dendera bringt Hathor ihren gemeinsamen Sohn mit dem Gott Horus von Edfu zur Welt, den kindlichen Musikgott Ihi. In den Gebäuden sollen „Mysterienspiele" aufgeführt worden sein, die dieses Geschehen in 13 Akten darstellten.

Oben: Das Relief aus dem Tempel von Edfu zeigt links den Hauptgott der Anlage, den falkenköpfigen Horus von Edfu. Ihm nähern sich die Göttin Hathor und der Schöpfergott Atum, die sich beide zu einem König umwenden, den sie an die Hand nehmen und vor den Gott führen. Dabei handelt es sich um einen der Bauherren des Tempels, Ptolemaios VIII. Euergetes II., der in dieser Darstellung die Rote Krone Unterägyptens trägt. Die Bauzeit der Anlage erstreckte sich über nahezu die ganze Ptolemäerzeit; begonnen im Jahr 237 v. Chr. unter Ptolemaios III. Euergetes I., wurden die letzten Arbeiten 57 v. Chr. unter Ptolemaios XII. Neos Dionysos abgeschlossen. Die Einweihung des Heiligtums erfolgte 95 Jahre nach Baubeginn – am 10. September 142 v. Chr. – in Anwesenheit des Königspaares Ptolemaios VIII. Euergetes II. und Kleopatra II. Der Gott Horus bildete in Edfu mit der Göttin Hathor von Dendera und ihrem gemeinsamen Sohn Harsomtus, „Horus, der die beiden Länder vereinigt", eine Götterfamilie.

Rechts: Detail der Reliefdekoration des Barkensanktuariums von Philipp Arrhidaios im Karnaktempel. Dargestellt ist Amun in Gestalt des Fruchtbarkeitsgottes Min. Nachdem Alexander d. Gr. 332 v. Chr. Ägypten eingenommen hatte, ließ er sich zum Pharao krönen und gab in Theben den Neubau der Sanktuarien des Luxor- und des Karnaktempels in Auftrag. Nach seinem Tod bestieg Alexanders Halbbruder Philipp Arrhidaios den Thron. Der rein formell als Pharao gezählte Herrscher ließ das Barkensanktuarium im Karnaktempel dekorieren, hatte sich allerdings nie in Ägypten aufgehalten.

Links: Blick vom Nil auf den Tempel von Philae, dem späten Kultzentrum der Göttin Isis, 7 km südlich von Assuan gelegen. Die ältesten Bauten datieren aus der Spätzeit, doch die großen, heute sichtbaren Tempelanlagen stammen maßgeblich aus ptolemäischer und römischer Zeit. Philae entwickelte sich schnell zu einer bedeutenden Tempelstadt mit angeschlossenen Verwaltungseinheiten und Priesterwohnungen. Auch die griechischen und römischen Herrscher regierten über das Land am Nil als Pharaonen; dementsprechend gaben sie Tempelbauten in Auftrag, um ihrer Legitimität sichtbaren Ausdruck zu verleihen und ihrer Aufgabe als Horus auf Erden gerecht zu werden. Die Göttin Isis, Mutter des Horus und damit zugleich göttliche Mutter des Pharaos, erfreute sich noch bis weit in die christliche Zeit größter Beliebtheit. Der Tempel auf Philae war der letzte, der 536 n. Chr. unter Kaiser Justinian geschlossen wurde.

Bereits mit dem Bau des ersten, im Jahr 1902 fertig gestellten Staudamms stand der auf Philae errichtete Tempel zeitweilig unter Wasser; durch den neuen Hochdamm, den man Ende der 1960er-Jahre baute, drohte er endgültig in den Fluten des Nils zu versinken. Im Rahmen einer internationalen Rettungsaktion unter der Schirmherrschaft der UNESCO wurde der Tempel vollständig demontiert und auf der nur 300 m entfernten, höher gelegenen Insel Agilkia wieder errichtet.

Kleopatra

Kaum eine Königin der Antike erlangte derartigen Weltruhm wie die letzte Vertreterin des ptolemäischen Herrscherhauses, Kleopatra VII. Allen Legenden zum Trotz wohl nicht von übermäßiger Schönheit, verfügte sie ebenso über Esprit, Kultur und außergewöhnliche Intelligenz wie über eine skrupellose Machtgier. Kleopatra VII. war zunächst die Mitregentin ihres Vaters Ptolemaios XII. Nach dessen Tod regierte sie gemeinsam mit ihrem Bruder Ptolemaios XIII., den sie auch heiratete. Von ihm verstoßen, zog sie sich im Jahr 48 v. Chr. nach Syrien zurück und versuchte von dort, ihre Herrschaft wiederzuerlangen.

Als der römische Konsul Pompeius – von Cäsar in der Schlacht bei Pharsalos geschlagen – nach Ägypten floh und von Mitgliedern des ägyptischen Königshauses ermordet wurde, traf Cäsar in Alexandria ein. Kleopatra gewann seine Zuneigung und erreichte ihre Wiedereinsetzung als Königin. In Alexandria brach kurze Zeit später ein Aufstand gegen die römischen Truppen los, dem Cäsar nur knapp entkam; Ptolemaios XIII. jedoch fiel dem Konflikt zum Opfer, und Kleopatra regierte nun gemeinsam mit ihrem jüngeren Bruder Ptolemaios XIV., den sie ebenfalls ehelichte. Diesem Umstand zum Trotz wurden Kleopatra und Cäsar ein Liebespaar. Aus dieser Beziehung ging am 23. Juni 47 v. Chr. ein Sohn namens Ptolemaios XV. Kaisarion hervor. Kleopatra begleitete Cäsar nach Rom, kehrte nach dessen Ermordung im März 44 v. Chr. aber nach Ägypten zurück. Noch im gleichen Jahr ließ sie ihren Brudergemahl Ptolemaios XIV. beseitigen und bestimmte ihren Sohn zum Mitregenten.

Drei Jahre später traf sie Marcus Antonius, der nach Cäsars Tod als Triumvir den Osten des Römischen Reichs befehligte. Beide hatten ähnliche Interessen, beide versuchten, politisches Kapital aus ihrer Beziehung zu schlagen – und beide verband wohl auch eine leidenschaftliche Zuneigung. Ihrer Verbindung entsprangen zwei Söhne und eine Tochter.

Im Rahmen der so genannten „Alexandrinischen Landschenkungen" übertrug Antonius 34 v. Chr. über die Hälfte der von Rom eroberten Länder symbolisch an Kleopatra und ihre Kinder. Die Römer waren empört, und Oktavian – der spätere Kaiser Augustus – wusste die Stimmung geschickt zu nutzen. 31 v. Chr. unterlag Antonius in der Seeschlacht bei Aktium und floh nach Alexandria, wo er Selbstmord beging. Um nicht im Triumphzug durch Rom geführt und zum Gespött der Massen zu werden, tötete sich Kleopatra am 12. August 30 v. Chr. durch den Biss einer Kobra. Ihren Sohn Ptolemaios XV. ließ Oktavian brutal erschlagen, da er als Erbe Cäsars eine Gefahr für ihn darstellte; ihre anderen Kinder wurden verschont.

Gegenüber: Ausschnitt aus den Reliefzyklen zum Horusmythos in Edfu. In mehreren Szenenfolgen berichten die Darstellungen vom Kampf des Horus an der Seite des Sonnengottes Re gegen die Mächte des Bösen, vertreten durch den Gott Seth als Mörder des Osiris. Die Szenen verbinden das Modell der zyklischen Erneuerung des Sonnengottes mit dem Kampf des legitimen Nachfolgers um seinen Thron, der zyklisch immer wieder aufs Neue geführt und gewonnen werden muss. Auf diese Weise verkörpern die Reliefs zugleich die Idee des ägyptischen Horuskönigtums auf Erden mit dessen idealer Abfolge legitimer Pharaonen. Der Tempel von Edfu entstand unter den Ptolemäern, die so die eigene Legitimität demonstrierten. In christlicher Zeit wurden die Tempelreliefs als heidnisch gebrandmarkt und zerstört.

Rechts oben: Ptolemäisches Bildhauermodell einer Göttin oder Königin. Ein Phänomen der ptolemäischen Zeit sind die zahlreichen erhaltenen Bildhauerstudien – in sich abgeschlossene Reliefblöcke oder Statuenteile, an denen man offenbar den ägyptischen Proportionskanon studierte. Danach wurde der menschliche Körper mithilfe von Hilfslinien in ein Quadratraster eingepasst, das dazu diente, die Figuren korrekt und immer gleich darstellen zu können. Die benutzten Linien in Form von Ritzungen lassen sich an Perücke und Oberkörper noch gut erkennen.

Rechts: Kopf der Göttin Hathor aus Fayence. Für diese Göttin typisch ist die frontale Darstellung, die in der ägyptischen Kunst ansonsten eher selten auftritt. Das Gesicht der Göttin erscheint dabei flach und breit, die Kuhohren sind eine Reminiszenz an ihr Attributtier, die Kuh. Eine wulstige Perücke umrahmt das Gesicht, den Hals schmückt ein mehrreihiger Kragen. In dieser Gestalt erscheint sie auch in der Architektur als Säulen- und Pfeilerkapitell. Die Hathorkapitelle kommen häufig in Tempeln weiblicher Gottheiten vor und erreichen ab der Spätzeit teilweise monumentale Ausmaße.

Rechts: Diesen Sargdeckel (Detail) aus dem Grab des Petosiris zieren aus farbiger Glaspaste eingelegte Hieroglyphen, die zu einem Totenbuchspruch gehörten und von hoher Qualität sind. Der Innensarg war ein Teil eines ganzen Ensembles, bestehend aus einem steinernen Sarkophag, einem äußeren Sarg aus Sykomorenholz, der bei seiner Entdeckung 1920 schwer beschädigt war, und dem sehr gut erhaltenen inneren Sarg aus dunklem Kiefernholz, der zu den schönsten Exemplaren seiner Art zählt. Petosiris war unter der Regierung Ptolemaios' I. (um 300 v. Chr.) Hohepriester des Mond- und Weisheitsgottes Thot in dessen Kultzentrum in Hermopolis. Sein großes Grab ließ er sich in der Nekropole Tuna el-Gebel westlich der gleichnamigen Stadt anlegen. Dort befindet sich auch der berühmte riesige Tierfriedhof mit hunderten mumifizierter Ibisse und Paviane. Die Grabkapelle des Petosiris ist wie ein Tempel gestaltet und besitzt im Innern Reliefs, die ein eigenartiger Mischstil aus hellenistischer und ägyptischer Kunst auszeichnet. Bei traditionellen Grabmotiven aus der Landwirtschaft erscheinen die Arbeiter in griechischen Tuniken und mit gelockten Frisuren.

Links: Mosaikglas-Einlage mit einem Falkenmotiv. Der Falke dürfte den Gott Horus darstellen, der wie andere ägyptische Götter auch in später Zeit mit dem griechisch-römischen Pantheon verbunden wurde. So konnte Horus als mythischer Kämpfer in Rüstung erscheinen, den Schreibergott Thot setzte man mit dem Götterboten Hermes gleich, die Muttergöttin Isis mit der Fruchtbarkeitsgöttin Demeter. Vor allem der Isiskult verbreitete sich rasch über das gesamte römische Imperium und hielt sich bis weit in die christliche Zeit hinein. Die Göttin besaß in Rom sogar einen eigenen Reichstempel.

Unten: Mosaikglas-Einlage mit der Darstellung eines Udjat-Auges. Glasobjekte dieser Art waren eine technische Neuerung des 1. Jh.s v. Chr. und fanden als Schmuck von Möbeln, Schreinen, Kästen oder als Wanddekor Verwendung. Die Darstellungen der Glasplättchen entstammen sowohl dem ägyptischen als auch dem griechisch-hellenistischen Motivschatz.

Gegenüber: Vergoldete Stuckmaske eines aus der Römerzeit stammenden Sarges; 1. Jh. n. Chr. Unter den Römern wurde die Tradition der Mumifizierung beibehalten und hielt sich, archäologischen Befunden zufolge, sogar bis in die christliche Zeit hinein. Vor allem die frühen Christen sahen offensichtlich kein Problem darin, Märtyrer oder andere als besonders ehrwürdig erachtete Personen nach ihrem Tod den alten Traditionen entsprechend zu mumifizieren – war doch die Auferstehung des Leibes ein Teil der neuen Religionslehre. Die Kirchenväter wandten sich jedoch ganz entschieden gegen den als heidnisch verdammten Brauch. Als weite Teile der Bevölkerung im 4. Jh. zum christlichen Glauben übergetreten waren, starben die alten Sitten langsam aus, und die Mumifizierung wurde schließlich aufgegeben.

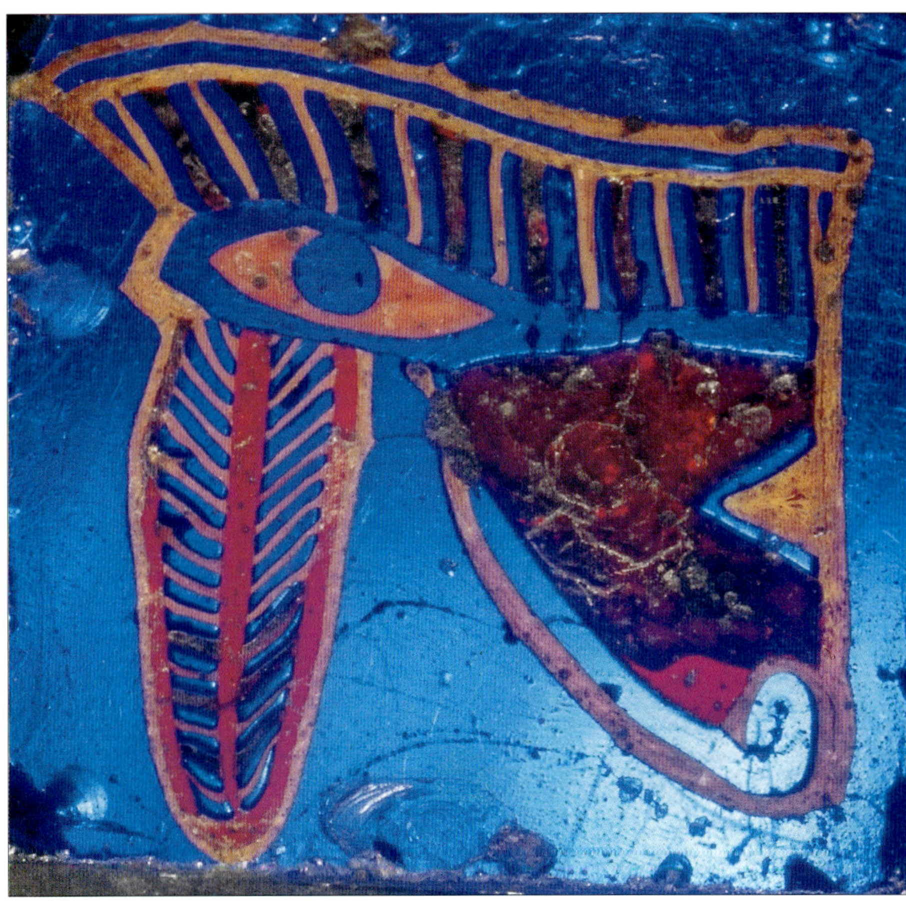

Gegenüber: Die Mosaikglas-Einlage mit der Darstellung einer Theatermaske ist aus zwei symmetrischen Hälften zusammengesetzt. Die Frisur mit den vier Efeublättern legt ihre Verbindung zu Dionysos nahe, dem griechischen Gott des Weines, des Theaters und der orgiastischen Feste. In seinem Gefolge traten die Mänaden auf – rasende Frauen, von denen hier eine zu sehen sein dürfte. Mit der Einführung der griechisch-helenistischen Kultur gelangte auch der Dionysoskult nach Ägypten und verbreitete sich vor allem in den von Griechen geprägten Zentren. In Alexandria stieß man 1964 zufällig auf die Ruinen eines Theaters, das Platz für etwa 800 Besucher bot. Dort hatten noch bis in römische und christliche Zeit Aufführungen stattgefunden.

Rechts: Der Ibis war ein heiliges Attributtier des Gottes Thot, der selbst mit dem Kopf eines Ibisses erscheinen konnte. Bereits in der Spätzeit, vermehrt jedoch in griechisch-römischer Zeit, wurden die Tiere in großer Zahl mumifiziert und in eigenen Tiernekropolen beigesetzt. Die größten befinden sich in Tuna el-Gebel, der Nekropole von Hermopolis, dem Kultzentrum des Thot, wo in unterirdischen, weit verzweigten Katakomben noch heute hunderte Ibis-Mumien lagern, sowie in Sakkara.

Der ägyptische Kalender

Der Ablauf des Jahres mit Tag-und-Nacht-Wechsel, den monatlichen Umkreisungen des Mondes und den sich zyklisch wiederholenden Jahreszeiten war schon in prädynastischer Zeit bekannt. Den Jahresbeginn markierte die Nilüberschwemmung, deren Einsetzen durch das mit bloßem Auge erkennbare Erscheinen des Fixsterns Sirius angekündigt wurde.

Das ägyptische Kalenderjahr (um 2900 v. Chr. zu Verwaltungszwecken eingeführt) umfasste 365 Tage. Es durchlief drei große Jahreszeiten – achet (Überschwemmung), peret (Aussaat) und schemu (Hitze) – von jeweils vier Monaten Dauer, jeder Monat zu je 30 Tagen. Die fünf überschüssigen Tage (Epagomenen) am Ende des Jahres galten in späterer Zeit als Geburtstage der Götter Osiris, Horus, Isis, Seth und Nephtys. In diesem Kalendersystem fehlte ein Schalttag, der die Differenz zum Sonnenjahr mit seinen 365,25 Tagen ausglich, was im Lauf der Jahrhunderte dazu führte, dass Kalenderjahr und landwirtschaftliches Jahr immer weiter auseinander drifteten und erst nach 1460 Jahren erneut übereinstimmten.

Da der Kalender jedoch als Gabe des Weisheits- und Schreibergottes Thot galt und übergeordnete Funktion bei der Datierung offizieller Ereignisse sowie bei den zahlreichen Götterfesten hatte, verzichtete man während der gesamten pharaonischen Zeit darauf, ihn zu korrigieren. Erst Kaiser Augustus reformierte das System durch die Einführung des alexandrinischen Kalenders mit einem extra hinzugefügten sechsten Epagomenentag.

Zur Bestimmung der Tageszeit richteten sich die alten Ägypter nach dem Stand der Sonne. Eine Wasseruhr zur Bestimmung kürzerer Zeitabschnitte ist erstmals aus dem Neuen Reich bekannt.

Oben: Der Kopf aus grünlichem Schist stammt aus der späten Ptolemäerzeit und gehörte einst zur Statue eines heute unbekannten Mannes. Beeindruckend sind die expressiven Gesichtszüge; durch die heruntergezogenen Mundwinkel und die zusammengezogenen Augenbrauen wirken sie etwas mürrisch, ausgeprägte Nasolabialfalten deuten auf ein fortgeschrittenes Alter hin. Die sehr individuell wirkenden Züge vermitteln den Eindruck, als habe der Künstler tatsächlich ein echtes Porträt schaffen wollen.

Gegenüber: Eine Besonderheit aus römischer Zeit sind die so genannten Mumienporträts. Dabei handelt es sich um Holztafeln, die über den Kopf der Mumie gelegt so in die Bandagen eingewickelt wurden, dass das aufgemalte Gesicht des Verstorbenen sichtbar blieb. Wenngleich sich solche Mumienporträts überall in Ägypten fanden, lag eines der Hauptverbreitungsgebiete im Faijum, weshalb sie auch die Bezeichnung „Faijumporträts“ tragen. Das Gesicht des bärtigen Mannes zeugt von hohem künstlerischem Können der Maler, die ihre Werke noch zu Lebzeiten des Besitzers anfertigten. In der Regel verwendeten sie eine enkaustische Technik mit aus Wachs gebundenen Farben, doch auch Temperamalerei kam zum Einsatz.

KAPITEL SECHS

Die Götterwelt

Amun

Amun – „der Verborgene“ – taucht erstmals in den Pyramidentexten des Alten Reichs auf. Mit Amaunet gehört er als Götterpaar zur heliopolitanischen Schöpfungslehre. Spätestens seit dem Mittleren Reich ist er Lokalgott von Theben und bildet dort mit Mut und Chons eine Götterfamilie. Bereits in dieser Zeit wurde er mit dem Sonnengott Re zu Amun-Re verschmolzen und erhielt so die Qualität eines universalen Schöpfergottes. Als Amun-Re vereinte er alle Prinzipien eines Königsgottes in sich und war damit der „König der Götter“. Amenemhet I., „Amun ist an der Spitze“, führte als erster Pharao und Begründer der 12. Dynastie den Gottesnamen in seinem Eigennamen. Mit dem Beginn des Neuen Reichs um 1550 v. Chr. stieg Theben zum religiösen Zentrum Ägyptens auf; Amun wurde neben Re und Ptah zum Reichsgott, der den König erwählte oder sogar zeugte. Während der Regierungszeit Amenophis' IV. Echnaton, der Aton zum einzigen Gott erhob, verlor Amun vorübergehend seine dominante Stellung; Namen und Bildnisse des Gottes wurden zerstört. Unter Tutanchamun erlangte Amun schon bald seine alte Stellung zurück.

Das Heiligtum des Amun in Theben (Karnak) war seit der 19. Dynastie der größte Sakralbau des Landes und zählt bis heute zu den größten Tempelanlagen der Welt. Obwohl Theben in den folgenden Jahrhunderten immer mehr an Bedeutung einbüßte, blieb Amun eine wichtige Gottheit; noch Alexander der Große ließ sich durch dessen Orakel in der Oase Siwa als Pharao legitimieren. Darstellungen zeigen Amun zumeist menschengestaltig mit blauer Hautfarbe und hoher Doppelfederkrone. Seine Attributtiere sind Widder und Gans.

Oben: Amun

Gegenüber: Anubis

Anubis

Schakalsköpfiger Gott der Nekropole und der Balsamierung. Da der Schakal als Aasfresser oft im Umfeld von Friedhöfen anzutreffen war, entwickelte er sich zum Attributtier des Anubis, des „Herrn des Heiligen

Landes (= der Nekropole)“ und des „Ersten der Gotteshalle (= Balsamierungsstätte)“. Anubis galt so als Gott der Mumifizierung.

Im Kreis der großen Jenseitsgötter nahm Anubis am Totengericht teil, indem er den Vorgang des Wiegens des Herzens überwachte, der darüber entschied, ob die Seele des Verstorbenen Einlass ins Jenseits fand oder von der „Großen Fresserin“, einem Furcht einflößenden Dämon, verschlungen wurde. Im Mythos um Osiris ist Anubis der uneheliche Sohn aus der Verbindung zwischen Osiris und der Göttin Nephthys.

Die schwarze Gesichtsfarbe des Anubis spielte auf den dunklen, fruchtbaren Schlamm an, den die Nilüberflutung auf den Feldern zurückließ; seine Hautfarbe symbolisierte auf diese Weise Erneuerung und Regeneration.

Aton

Sichtbare Form des Sonnengottes am Himmel (Sonnenscheibe). Aufstieg und Fall des Atonkults sind untrennbar mit dem Schicksal Amenophis' IV. verbunden (18. Dynastie). Spielte Aton zuvor im Gefüge der zahlreichen Götter eine eher untergeordnete Rolle, so erhob Amenophis IV. ihn bei gleichzeitiger Ächtung aller anderen Götter des Landes zum Universalgott. Etwa im 5. Regierungsjahr änderte Amenophis IV., „Amun ist zufrieden“, seinen Eigennamen in Echnaton, „Glanz des Aton“. Der Königshof zog an einen unberührten Ort, „der keinem Gott und keiner Göttin gehört“, nahe dem heutigen Tell el-Amarna gelegen. Dort entstand die neue Residenzstadt Achet-Aton, „Horizont des Aton“.

Der Atonkult blieb das alleinige Vorrecht der königlichen Familie, die nach dem Vorbild traditioneller Göttertriaden zusammen mit Aton eine heilige Familie bildete. Von diesem Anspruch zeugen auch die Darstellungen der Amarnazeit: Allein dem König und seiner Familie reicht Aton als Sonnenscheibe am Himmel mit seinen langen Strahlenarmen das Lebenszeichen, im Gegenzug bringt nur die Königsfamilie dem Sonnengott Opfer dar.

Dieser absolutistische Anspruch und die Aufgabe der alten Götter fanden keinen Rückhalt bei der Bevölkerung. Selbst am Königshof konnte sich die neue Ideologie nach Echnatons Tod nicht behaupten, und so wurde im Lauf der Regierungszeit des Kindkönigs Tutanchamun die alte Ordnung wiederhergestellt.

Oben: Aton

Atum

Der heliopolitanischen Schöpfungslehre zufolge erschien Atum über dem Urhügel, der sich am Beginn der Zeit aus den chaotischen, das All bedeckenden Urfluten erhob. Der Gott, „der sich selbst erschaffen hat“, brachte das Urgottpaar Schu (Luft) und Tefnut (Feuchtigkeit) hervor – nach einer Version des Mythos durch Niesen, nach einer anderen durch Masturbation. Schu und Tefnut ihrerseits zeugten Geb (Erde) und Nut (Himmel), aus denen wiederum die Götterpaare Isis und Osiris sowie Nephthys und Seth hervorgingen. Alle vier Göttergenerationen zusammen bildeten die Neunheit von Heliopolis.

Atum war eng mit dem Sonnengott Re verbunden: Er verkörperte dessen abendlichen Aspekt als untergehende Sonne und konnte als selbstständige Gottheit Atum-Re auftreten. Beide Götter besaßen in Heliopolis jedoch eigene, getrennte Tempel- und Kultstätten. Atum wird zumeist menschengestaltig mit Doppelkrone auf dem Haupt dargestellt.

Bastet

Die populäre Katzengöttin, Tochter des Schöpfergottes Atum, besaß als Schutzgottheit des Königs ausgesprochen aggressive und wilde Aspekte und erscheint in frühen Darstellungen als löwenköpfige Göttin. Daher setzte man sie bereits im Alten Reich mit der Löwengöttin Sachmet

Oben: Katze, Attributtier der Bastet

Oben: Bes und Thoëris

gleich. Im Lauf der Zeit wandelte sich ihre Erscheinungsform, und statt der wilden Raubkatze verkörperte sie immer mehr deren harmlosere Artgenossin, die Hauskatze. Trotz eines damit einhergehenden, nun sanftmütigen Ausdrucks, blieb ihr Wesen ambivalent: wild und zahm zugleich.

Das Kultzentrum der Bastet lag im Delta, in der Stadt Bubastis, dessen moderner Name Tell Basta noch heute an die Katzengöttin erinnert. Dort lag der große Tempel der Bastet, der mindestens seit der 4. Dynastie existierte. Einen Höhepunkt erlebte der Bastetkult während der 22. Dynastie, und er hielt sich bis weit in die griechisch-römische Zeit. Aus Bubastis und anderen Orten stammen zahlreiche Katzenmumien, die ebenso wie die bei Herodot erwähnten rauschenden Bastetfeste vom hohen Ansehen der Göttin zeugen.

Bes

Ungeachtet seiner grotesken Erscheinung – wuchtiger Backenbart, herausgestreckte Zunge, abstehende Ohren, faltige Augenbrauen –, war der zwergenhafte Bes eine ausgesprochen positive Gottheit. Zusammen mit Thoëris wachte er über Schwangerschaft und Geburt, mit seinen magischen Kräften bekämpfte er Krankheiten und allerlei Gefahren. Darüber hinaus war er ein Gott der sinnlichen Freuden und des Tanzes.

Thoëris (ägypt. Ta-weret, „Die Große"), sein weibliches Pendant, erscheint in Darstellungen als Mischwesen mit dem Körper einer trächtigen Nilpferdkuh, Kopf und Schwanz eines Krokodils sowie den Pranken einer Löwin. Zusammen erfreuten sich die beiden Schutzgottheiten größter Beliebtheit im privaten Bereich.

Chepre

Der Gott, dessen Name die Bedeutung „werden, entstehen" hat, war die morgendliche Form des Sonnengottes bei seinem Aufgang. Als sein Attributtier galt der Mistkäfer, von dem man annahm, er würde aus sich selbst entstehen, und dessen auffällige Besonderheit, eine Kugel vor sich herzurollen, als Symbol für die Bewegung der Sonne über den Horizont galt. Man stellte Chepre meist als Skarabäus dar, in seltenen Fällen auch in Menschengestalt mit einem Skarabäus als Kopf.

Analog zum Sonnenaufgang symbolisierte der Skarabäus Erneuerung und Wiedergeburt, und so waren Skarabäen als Amulette äußerst beliebt. Seit der Ersten Zwischenzeit traten Skarabäen mit dekorierter Unterseite auf; als eine Besonderheit galten die großen Gedenkskarabäen des Neuen Reichs, die an herausragende Regierungsereignisse des Herrschers erinnerten.

Oben: Hathor

Oben: Re-Harachte

Chnum

Zu den ältesten ägyptischen Göttern zählen Widdergottheiten; der Bedeutendste unter ihnen war Chnum. Sein Hauptkultzentrum lag auf der Nilinsel Elephantine am ersten Katarakt. Da die Nilüberschwemmung, dem Glauben der alten Ägypter zufolge, dort ihren Ausgang nahm, verehrte man Chnum zusammen mit den Göttinnen Satet und Anuket als Bringer des Nilwassers und der Fruchtbarkeit des Landes. Dem Mythos nach schuf Chnum am Beginn der Zeit Götter und Menschen aus Lehm. Dieser Vorgang findet sich seit der 18. Dynastie als Motiv bildlicher Darstellungen auf Tempelwänden: In der Geburtslegende des Königs erschien Chnum vor einer Töpferscheibe sitzend, auf der er Körper und Seele des Königs formte. Ein Wortspiel mit dem Begriff „Ba" – einerseits Bezeichnung eines heiligen Widders, andererseits Begriff für Seele als Teil der Persönlichkeit – führte wohl zu der Vorstellung, Chnum sei der Ba des jenseitigen Sonnengottes, den Darstellungen der Unterweltsbücher widderköpfig in seiner Nachtbarke zeigen.

Chons

Chons genoss ab dem Neuen Reich großes Ansehen als Mondgott. Darauf deutet auch sein Name „Der Vorbeiziehende" hin – eine Anspielung auf die Unbeständigkeit des Himmelskörpers. In Darstellungen erscheint er zumeist mumiengestaltig mit Jugendlocke und einer Mondsichel mit Vollmondscheibe auf dem Kopf, teils jedoch auch menschengestaltig oder falkenköpfig.

Der jugendliche Chons war an unterschiedlichen Orten des Landes ein Teil von Götterfamilien; am prominentesten waren die Triaden in Theben – Chons mit Amun und Mut – sowie die in Kom Ombo – Chons mit Sobek und Hathor.

In späterer Zeit übernahm Chons auch die Funktion eines Heilgottes. Als König Ptolemaios IV. Philopator (221–205 v. Chr.) ernsthaft erkrankte, wandte er sich Hilfe suchend an den Gott Chons. Es kam schließlich zu einer vollständigen Genesung, und der König betitelte sich fortan als „Geliebt von Chons, der seine Majestät schützt und das Übel vertreibt".

Oben: Isis und Horus

Oben: Chepre

Hathor

Das ägyptische Pantheon kennt zahlreiche kuhgestaltige Gottheiten, die man zumeist mit Fruchtbarkeit und Mutterschaft assoziierte. Die bedeutendste Vertreterin dieser Gruppe ist die Göttin Hathor, die auf vielfältige Weise mit anderen Göttinnen verbunden war. Ihre drei häufigsten Erscheinungsformen sind die als Kuh, als Frau mit Kuhgehörn und Sonnenscheibe auf dem Haupt oder emblematisch als frontal dargestelltes Gesicht mit Kuhohren.

Hathor war in verschiedene Mythenkreise eingebunden und wurde an zahlreichen Kultstätten verehrt, vornehmlich in Dendera, wo sie als Gattin des Horus von Edfu auftrat. Größte Bedeutung kam ihr als Liebes- und Muttergöttin zu. Als Inbegriff weiblicher Schönheit und Reize erschien sie in der Mythologie: Nachdem der Gott Re wegen einer Äußerung der Götterversammlung beleidigt und regungslos auf dem Boden lag, lüftete Hathor vor ihm ihr Kleid, was den Gott wieder heiter stimmte. Generell assoziierte man Hathor mit rauschenden Festen, Freude, Tanz und Musik. Ein rasselartiges Musikinstrument, das Sistrum, war das typische Kultgerät der Hathor und wurde vornehmlich von Priesterinnen bei feierlichen Götterzeremonien geschüttelt. Hathor umfasste als weibliche Universalgottheit fast alle Lebensbereiche von der Geburt über Alltagsfreuden bis hin zu Liebe und Sexualität. Im thebanischen Raum erschien sie zudem als Totengöttin und trug den Beinamen „Herrin des Westens".

Horus

Schon seit Beginn der dynastischen Zeit stand der falkengestaltige Horus – um den sich verschiedene Mythen rankten – in enger Verbindung mit dem Königtum.

Als Sohn der Isis war er lange Zeit in einen Streit mit dem Gott Seth verwickelt, dem Bruder und Mörder seines Vaters Osiris. Zunächst zog Re den älteren und stärkeren Seth in der Thronfolge dem noch kindlichen Horus vor, der als Harpokrates, „Horus das Kind", nackt, mit Jugendlocke und Finger am Mund erschien. Schließlich kam es zu einem Kampf zwischen Onkel und Neffe. Isis half

Oben: Sobek, Hathor und Chons

ihrem Sohn, aber auch ihrem Bruder Seth, als dieser verwundet wurde. In Rage darüber riss Horus seiner eigenen Mutter den Kopf ab und floh in die Berge. Isis rettete sich durch ihre Zauberkraft, während Seth den Flüchtigen verfolgte und ihm die Augen ausstach. Mithilfe der Göttin Hathor erlangte Horus seine Sehkraft zurück; das Udjat(„geheilte")-Auge galt daher als ein Schutzamulett. Es befand sich häufig auf Särgen und wurde in Amulettform getragen. Nach einem Briefwechsel zwischen Re und Osiris, dem König der Unterwelt, bestieg Horus den Thron. Der regierende Pharao galt in Ägypten als lebendiger Horus, der im Tod zu Osiris wurde.

Isis

Die Herkunft der Göttin Isis ist unbekannt. Als Mutter des Horus war sie zugleich die göttliche Mutter des Königs, der als irdische Manifestation des Horus galt. Isis selbst war die Tochter der Urgötter Geb und Nut und die Schwestergemahlin des Osiris. Ihre Bemühungen, den ermordeten Gatten wieder zum Leben zu erwecken, und ihre Rolle als Beschützerin ihres Sohns machten Isis zum Inbegriff der loyalen Ehefrau und hingebungsvollen Mutter. Auf einigen Darstellungen erscheint sie geflügelt oder trägt ein Federkleid, Hinweise darauf, dass sie sich in ein Falkenweibchen verwandelte und als solches über dem toten Osiris schwebte, um ihm neues Leben einzuhauchen. Vor allem seit dem Neuen Reich stellte man Isis häufig mit Kuhgehörn und Sonnenscheibe dar, und sie war ikonografisch nicht von Hathor zu unterscheiden. Zahlreiche spätzeitliche Statuetten zeigen die Göttin, wie sie ihren Sohn Horus stillt. Mit den Jahren verschmolz Isis mit verschiedenen anderen Göttinnen und wurde weit über die Grenzen Ägyptens hinaus verehrt; in römischer Zeit brachten Soldaten den Isiskult in die entlegensten Winkel des Imperiums, und in Rom errichtete man ihr sogar einen eigenen Reichstempel. Die Verehrung der Isis hielt bis weit in die christliche Zeit hinein an.

Maat

Die Göttin der Wahrheit und Gerechtigkeit erscheint gewöhnlich als Frau mit einer Straußenfeder auf dem Kopf. Das Prinzip der Maat wird insbesondere beim

Totengericht deutlich, bei dem mithilfe der Feder der Maat entschieden wurde, ob der Verstorbene Einlass ins Jenseits erhielt. Wenn das Herz des Toten schwerer wog als die Feder, konnte er nicht in die Unterwelt gelangen.

Die Göttin Maat vertrat darüber hinaus vor allem ein generelles Ordnungs- und Wertesystem, ein kosmisches Gleichgewicht, das seit Beginn der Schöpfung herrschte und dessen Aufrechterhaltung das höchste Gebot eines jeden regierenden Pharaos war.

Min

Min, seit der Frühzeit der Gott der männlichen Zeugungskraft und Fruchtbarkeit, wird zumeist mumiengestaltig mit erigiertem Penis und erhobenem Arm dargestellt, zwei hohe Federn und ein Götterbart zieren seinen Kopf. Hinter dem Gott steht häufig eine Rundhütte oder ein stilisiertes Feld mit Lattich, dessen milchig-weißen Pflanzensaft man wohl mit Sperma assoziierte.

Aufgrund seiner Qualität als potenter Schöpfergott Kamutef, „Stier seiner Mutter", der sich selbst zeugt, fanden im Rahmen des königlichen Hebsedjubiläums meist auch Festakte zu Ehren des Min statt, die die Zeugungskraft des Pharaos sichern sollten.

Ab dem Mittleren Reich überlagerten sich in Theben Min und Amun-Re, der nun auch die äußere Gestalt des Min annehmen konnte. Zu seinen Ehren fand ein mehrtägiges Fest statt, das nach der Ernte begangen wurde, um die Fruchtbarkeit des Bodens zu erneuern.

Unten: Amun-Re in Gestalt des Min

Unten: Mentuhotep II., „Month ist zufrieden"

Month

Der Kriegsgott Month fand schon im Alten Reich als „Herr von Armant" Erwähnung. An diesem wenige Kilometer südlich von Theben gelegenen Ort befand sich sein wichtigstes Kultzentrum. In der 11. Dynastie war Month der Hauptgott des thebanischen Gaus und Schutzherr von vier Königen mit dem Geburtsnamen Mentuhotep, „Month ist zufrieden", doch er trat bereits mit Beginn der 12. Dynastie zunehmend in den Schatten Amuns (obwohl er wie dieser eine enge Verbindung zu Month-Re einging). Darstellungen zeigen Month falkenköpfig mit einer von zwei Uräusschlangen umwundenen Sonnenscheibe auf dem Haupt. Im Neuen Reich unterstützte Month als Gott des Kampfs die Könige bei ihren Feldzügen.

Mut

Die Position der Göttin Mut ist untrennbar mit dem Aufstieg des Amun verbunden. Als dessen Gemahlin bildete sie zusammen mit dem jugendlichen Gott Chons die thebanische Götterfamilie. Seit dem Neuen Reich wurde sie in Gestalt einer Frau mit Geierhaube und den Landeskronen darüber dargestellt. Ihren Tempelbezirk im Süden Karnaks verband eine lange Sphingenallee mit dem Tempel ihres Gatten Amun.

Der Name der Göttin bedeutete wörtlich „Mutter" und spielte auf ihre Rolle innerhalb der Götterfamilie an. Mut galt als göttliche Mutter des Königs, eine Position, die sie mit anderen Göttinnen teilte. Sie besaß jedoch auch einen gewalttätigen Aspekt, wenn sie das „Auge des Re" verkörperte und Rache an denjenigen nahm, die sich den Zorn des Sonnengottes zugezogen hatten.

Nechbet

Göttin der Stadt Elkab und Schutzgöttin Oberägyptens in Geiergestalt; Pendant zu Wadjet, der Göttin von Buto und der Schutzgöttin Unterägyptens. Nechbet und Wadjet bildeten als „Die Zwei Herrinnen" einen Teil der königlichen Titulatur, Ausdruck der Herrschaft des Königs über beide Landesteile. Als Kronengöttin verkörperte Nechbet die Weiße Krone Oberägyptens.

Bereits in frühdynastischer Zeit galt Nechbet als Beschützerin des Königs, über dem sie als Geier schwebte – in Darstellungen auf Tempelwänden war die Göttin in dieser Form bis zum Ende der pharaonischen Geschichte präsent. In ihren Klauen hält die Göttin häufig den Schen-Ring, eine Hieroglyphe mit der Grundbedeutung

Gegenüber: Mut
Rechts: Neith

Oben: Nut

„umkreisen“ – Symbol für die Unendlichkeit und die Herrschaft des Königs über alles, was die Sonne bei ihrem täglichen Lauf umkreist.

Neith

Diese alte Schöpfergottheit soll aus den Urfluten emporgestiegen sein, um das Licht und die anderen Götter zu erschaffen. Einer Variante zufolge brach sie anschließend nach Sais ins Nildelta auf und ließ Chnum zurück, damit er die weiteren Lebewesen auf seiner Töpferscheibe formte. Sais war der Hauptkultort der Neith, die gewöhnlich mit der Roten Krone Unterägyptens in Erscheinung trat. Seit frühdynastischer Zeit galt Neith auch als kriegerische Göttin, ihre Symbole waren Bogen und Schild. Im Alten Reich sah man in ihr die Gefährtin des Seth und die Mutter des Krokodilgottes Sobek. Wie viele andere weibliche Gottheiten besaß Neith mütterliche Züge.

Neith spielte auch als Totengöttin eine Rolle; so bewachte sie zusammen mit Isis, Nephthys und Selket den Sarkophag und die Kanopengefäße. Letztere waren eng mit den vier Horussöhnen verbunden, von denen der schakalsköpfige Duamutef der Göttin Neith zugeordnet war. Besonderes Ansehen genoss Neith während der 26. Dynastie, da deren Könige aus Sais stammten.

Nephthys

Nephthys ist eine Göttin unklaren Ursprungs ohne eigenes Kultzentrum. Als Tochter der Urgötter Geb und Nut war sie ein Teil der heliopolitanischen Götterneunheit und die Schwestergemahlin des Seth. Nachdem dieser seinen Bruder Osiris ermordet hatte, half Nephthys ihrer Schwester Isis bei der Suche nach dem zerstückelten Leichnam des Osiris, um ihn anschließend gemeinsam zu betrauern; Nephthys wachte am Kopfende, Isis am Fußende der Totenbahre oder des Sarkophags. Die beiden Göttinnen sind daher das Urbild der Klagefrauen. Darüber hinaus war Nephthys dem Horussohn Hapy zugeordnet, der als Kanopengottheit die Lunge des Verstorbenen schützte.

Während der gesamten dynastischen Zeit trat Nephthys nur selten ohne Bezug zu Isis in Erscheinung und spielte außerhalb des Osirismythos und des Begräbnisrituals kaum eine Rolle.

Nut

Der heliopolitanischen Schöpfungslehre zufolge gehörte die Himmelsgöttin Nut zur dritten Generation der Urgötter. Indem sich die Himmelsgöttin über ihren Partner, den Erdgott Geb, beugte, bildeten die beiden den Raum der bewohnten Welt, angefüllt mit dem Luftgott Schu. Nach dieser Vorstellung verschlang die Himmelsgöttin die Sonne jeden Abend bei ihrem Untergang und gebar sie am nächsten Morgen bei deren Aufgang von Neuem. Dementsprechend ist Nuts Leib der nachtblaue Himmel, an dem die Sterne funkeln. Da die Sterne zugleich als Nuts Seelen galten, trug sie den Beinamen „Die mit tausend Seelen“. Schon in frühester Zeit existierte der Wunsch des Verstorbenen, „unter die Sterne versetzt“ zu werden, und so kam Nut eine bedeutende Rolle im Totenglauben zu. Sie wurde häufig auf Särgen abgebildet: entweder als geflügelte Göttin auf dem Deckel oder auf dessen Unterseite, wo sie – analog zum Bild der Schöpfung – ihren Leib über den Verstorbenen wölbte.

Osiris

Die Umstände, unter denen Osiris zum Herrscher des Totenreichs wurde, behandeln die ägyptischen Quellen mit auffälliger Zurückhaltung. Zwar werden Einzelszenen des Mythos exemplarisch auf Tempelwänden oder in Totenbuchpapyri vorgestellt – eine zusammenhängende Fassung bot jedoch erst die späte Aufzeichnung des griechischen Schriftstellers Plutarch.

Dieser Version des Mythos zufolge regierte Osiris in grauer Vorzeit als idealer König über Ägypten. Eines Tages wurde er von seinem hinterhältigen und eifersüchtigen Bruder Seth zu einem Festbankett geladen. Seth präsentierte den versammelten Gästen eine kostbare Lade, die er demjenigen zum Geschenk versprach, der in sie hineinpasste. Auch Osiris legte sich in die Lade – wie sich herausstellen sollte, ein schwerer Fehler, denn Seth und seine Mitverschwörer verschlossen sofort den Deckel und warfen den Kasten in den Nil, der schließlich an die libanesische Küste gespült wurde. Dort wuchs ein Baum, der den Kasten fest umschloss. Der König von Byblos ließ den Baum später fällen und verbaute den Stamm als Deckenstütze in seinem Palast. Isis gelang es mithilfe ihrer Zauberkräfte, sich die Lade zu verschaffen und sie nach Ägypten zurückzubringen. Dort entdeckte jedoch Seth den Kasten, riss den darin enthaltenen Leichnam in Stücke und verstreute diese über das ganze Land. Nun machte sich Isis mit ihrer Schwester Nephthys auf die Suche nach den Leichenteilen, und die beiden hielten überall dort, wo sie fündig wurden, eine Bestattungszeremonie ab. Dies erklärt die große Anzahl von Osiriskulten in allen Teilen Ägyptens. Allein der Penis blieb verschollen, da ihn ein Fisch im Nil verschlungen hatte.

Unten: Osiris

An dieser Stelle setzt die ägyptische Überlieferung an, der zufolge Isis die Leichenteile mithilfe von Nephthys, Anubis und Thot wieder zusammensetzte und einwickelte – somit war die erste Mumie geschaffen. Isis verwandelte sich nun in ein Falkenweibchen und fächerte der unter ihr liegenden Mumie mit ihren Flügeln Lebensodem ein. Die Belebung gelang für die Dauer der geschlechtlichen Vereinigung, bei der die beiden den Thronfolger Horus zeugten. Osiris nahm anschließend seinen Platz als Herrscher der Unterwelt ein.

Seit der 5. Dynastie gab es auch die Vorstellung, der verstorbene König werde zu Osiris und herrsche über das Jenseits. Spätestens ab dem Mittleren Reich hoffte jeder Ägypter, im Tod zu Osiris zu werden. Abydos, die Hauptkultstätte des Osiris, gewann als Pilgerstätte an Bedeutung, da man es als besonders wichtig erachtete, Abydos zu besuchen – sei es zu Lebzeiten oder nach dem Tod, indem man die Mumie auf dem Wasserweg tatsächlich dorthin schickte oder symbolisch mittels eines Modellboots, das dem Verstorbenen mit ins Grab gegeben wurde.

Osiris erschien in Darstellungen mumiengestaltig mit Atef-Krone auf dem Haupt sowie mit Wedel und Krummstab als Herrscherinsignien in den Händen. Seine grüne oder schwarze Gesichtsfarbe symbolisierte Regeneration und Neugeburt.

Ptah

Ptah war der Hauptgott von Memphis, der Residenzstadt des Alten Reichs. Dort verehrte man ihn als eigenständige Schöpfergottheit, die den gesamten Kosmos, einschließlich der Götter, kraft ihrer Gedanken und Worte geschaffen hatte (im Unterschied zum heliopolitanischen Atum, der die Schöpfung durch seine Körperflüssigkeiten bewirkt hatte). Dieser mehr geistige als konkrete Vorgang dürfte vor allem das Resultat religiöser Diskurse und Spekulationen im Neuen Reich gewesen sein. Zu dieser Zeit gehörte Ptah zusammen mit Re und Amun zu den großen Reichsgöttern, denen ausgesprochene Schöpferqualitäten zu Eigen waren.

Bereits im Alten Reich trug der Hohepriester des Ptah den Titel „Oberster Leiter der Handwerkerschaft“ – ein Hinweis auf die bildende und schaffende Kraft des Gottes.

In dieser Funktion war er zu allen Zeiten der Schutzpatron der Künstler und Handwerker.

Gemeinsam mit der Löwengöttin Sachmet und dem Gott Nefertem bildete Ptah eine Götterfamilie. Enge Verbindungen besaß diese Gottheit auch zum memphitischen Nekropolengott Sokar. Später erweiterte man die Konstellation um den Gott Osiris zu Ptah-Sokar-Osiris als Verkörperung von Schöpfung, Tod und Wiederbelebung. Seit der Spätzeit gehörten Holzfiguren dieser Mischgottheit zum festen Bestandteil einer gehobenen Grabausstattung.

Ptah ist auf Darstellungen an seiner typischen flachen Kopfbedeckung – wohl eine eng anliegende Kappe – und seiner Mumienform zu erkennen. In den Händen hält er ein Kompositzepter aus den Symbolen für Leben, Beständigkeit und Wohlergehen. Gewöhnlich steht er auf dem Zeichen für Maat, der gerechten Weltordnung. Einen besonderen Bezug besaß Ptah zum heiligen Apisstier von Memphis, der als Inkarnation des Gottes und als dessen irdischer Botschafter galt. Das heilige Tier wurde in einem Stall im Ptahtempel gehalten, wo es Opferritualen diente oder man es in Orakelfragen aufsuchen konnte.

Re

Re war der allmächtige Sonnengott Ägyptens, Heliopolis sein religiöses Zentrum. Während des Alten Reichs verbreitete sich der Re-Kult über das ganze Land, ab der 4. Dynastie trat der Pharao selbstbewusst als „Sohn des Re“ auf. Bereits der Stufenpyramide lag die Vorstellung von einer steinernen Himmelsleiter zugrunde, mit deren Hilfe der König zum Sonnengott aufsteigen konnte; die späteren Pyramiden repräsentierten mit ihren glatten Außenseiten die „Form“ des Sonnenlichts, das durch die Wolken bricht, wodurch der Bezug des Königs zum Sonnengott gewahrt blieb.

Die Herrscher der 5. Dynastie errichteten neben den Pyramiden gewaltige Sonnenheiligtümer – eindrucksvolle Zeugnisse der herausragenden Position des Sonnengottes in dieser Zeit. Den Mittelpunkt dieser Heiligtümer bildete ein massiger Obelisk. Er galt als Symbol des urtümlichen Benbensteins im Tempel des Sonnengottes in Heliopolis, auf den bei der Schöpfung die ersten Sonnenstrahlen gefallen sein sollen. Von ihm leitete sich auch die Form der späteren schlanken Obelisken ab.

Die Bewegung der kosmischen Gottheit am Firmament wurde unterschiedlich gedeutet. So glaubte man u.a., dass der Sonnengott am Tag in seiner Barke den Himmel überquere und während der Nacht die Gefilde der Unterwelt passiere; einer anderen Vorstellung zufolge verschluckte ihn die Himmelsgöttin Nut am Abend, um ihn am nächsten Morgen neu zu gebären; man stellte sich auch vor, dass der Gott Chepre den Sonnenball über das Firmament rolle.

Oben: Osiris-Re

Die Sonne und der Nil, die Lebensader Ägyptens, waren die zwei dominantesten Umweltfaktoren des Landes. Damit hatte der Sonnengott per se eine zentrale Bedeutung, die durch die Verschmelzung mit anderen Göttern gesteigert wurde.

Mit Horus verband er sich zu Re-Harachte, mit Month zu Month-Re, mit Amun zu Amun-Re. Mit dem Schöpfergott Atum kam es mit dem Ziel einer ständigen Erneuerung zu einer Verbindung als Atum-Re. Die Sonnenlitanei – ein religiöser Text, der sich an den Wänden einiger Königsgräber des Neuen Reichs befindet – beschreibt die Vereinigung des Sonnengottes mit dem Unterweltsgott Osiris. Das Neue Reich ist auch die Zeit der großen Sonnenhymnen, in denen der Verstorbene den Sonnengott preist, um auf ewig ein Teil von dessen Gefolge zu sein.

Sachmet

Die löwengestaltige Göttin galt ihrem Wesen nach als aggressiv und gefährlich in ihrer Kraft und Stärke. Darauf weist auch die Bedeutung ihres Namens hin: „die Mächtige". Sachmet verkörperte die Macht des Königs beim Kampf gegen seine Feinde, aber auch die Macht des Sonnengottes – als seine Tochter und als „Auge des Re" war sie ein grausames Instrument, um den Willen ihres Vaters auszuführen.

Im Mythos planten die Menschen einen Aufstand gegen den Sonnengott. Dieser erfuhr jedoch davon und beschloss nach einer Beratung mit den anderen Göttern, die Aufständischen zu vernichten. Dazu sandte er sein Sonnenauge aus, das unter den Menschen in Gestalt der Löwengöttin Sachmet wütete. Um das Blutbad am Ende zu stoppen und die Menschen vor der vollständigen Vernichtung zu bewahren, sah sich der Sonnengott genötigt, die mächtige Göttin derart betrunken zu machen, dass sie im Rausch ihre tödliche Mission schließlich vergaß. Die Menschheit war gerettet.

Neben ihren brutalen und rachsüchtigen Zügen besaß Sachmet jedoch auch positive Eigenschaften. So galt sie zum einen als Schutzgöttin des Königs, zum anderen als

Links: Sachmet
Unten: Seth

Heilgöttin. Eine kämpferische Göttin wie Sachmet schien wohl als besonders geeignet, den menschlichen Körper von Krankheiten zu befreien.

In der alten Residenzstadt Memphis war sie die Gattin des Ptah, und mit dem Aufstieg des Amun setzte man sie mit dessen Gattin Mut gleich, die nun ebenfalls als löwenköpfige Göttin erscheinen konnte.

Seth

Der Gott Seth zählte nach der heliopolitanischen Schöpfungslehre zur Nachkommenschaft der Urgötter Nut und Geb und war ein Teil der Götterneunheit. Er repräsentierte ebenso ungebändigte Macht wie wildes Chaos, und man identifizierte ihn mit Tieren wie Nilpferd, Schwein oder Esel. Seth galt als Herr der Wüste und der Fremdländer. Sein häufigster Beiname lautete „Groß an Kraft".

Seth wurde mit dem Kopf eines Fabelwesens dargestellt und lässt sich anhand der hohen, eckigen Ohren und der langen, gekrümmten Schnauze identifizieren. Insbesondere im Mythenkreis um Osiris und Horus fiel Seth die Rolle des Übeltäters und Brudermörders zu. Um die Frage der Nachfolge des Osiris entbrannte ein langer Streit zwischen Horus und Seth, in dessen Verlauf beide Parteien vor keiner Niederträchtigkeit zurückschreckten, um ihren Gegner zu schlagen. Eine Episode des Mythos schildert den Versuch des Seth, seinen Kontrahenten homosexuell zu dominieren, um ihn anschließend vor der Götterversammlung zu erniedrigen. Horus durchschaute die Absicht jedoch, und

es gelang ihm mit einem Trick seiner Mutter Isis, Seth selbst als sexuell Dominierten vor den versammelten Göttern bloßzustellen. Seth gab sich jedoch nicht geschlagen und bestand auf einem Wettstreit mit Schiffen aus Stein. Erneut wurde er von Horus berlistet, der sein Schiff nicht aus Stein, sondern aus Holz baute. Da das steinerne Schiff des Seth kläglich unterging, gewann Horus auch diesmal. Dieser Streit dauerte über 80 Jahre; am Ende ging Horus daraus als Sieger hervor und bestieg den Thron seines Vaters Osiris.

Seth, der von Beginn an die Unterstützung des Sonnengottes genossen hatte, reiste fortan in der Barke des Re über den Himmel. Bei der Nachtfahrt der Sonne übernahm Seth eine wichtige Aufgabe, die kein anderer Gott außer ihm zu leisten im Stande war: Er wehrte in der sechsten Stunde der Nacht, wenn der Sonnengott in seiner Regenerationsphase am schwächsten war, den Angriff

Oben: Thot in Gestalt eines Ibisses
Links: Thot in Gestalt eines Pavians

Oben: Wadjet (rechts) und Nechbet (links)

des Sonnenfeindes Apophis ab und hielt damit die Schöpfung in Gang. Dieser Aspekt und sein aggressiv-kämpferischer Charakter machten ihn insbesondere zum Schutzgott der Könige der 19. Dynastie. Erst in der Spätzeit überwogen Seths negative Eigenschaften als Osirismörder, und er verkörperte das Böse schlechthin.

Thot

Als die Ägypter den Untergang der Sonne am westlichen Horizont beklagten, wies einer Legende nach der Sonnengott Re den Gott Thot an, während seiner Abwesenheit ein alternatives Licht zu schaffen – auf diese Weise sei der Mond entstanden. Die Verbindung mit dem Mond machte Thot zum „Herrn der Zeit und Rechner der Jahre", der „die Zeiten und Monate und Tage scheidet". Die wichtigsten Attributtiere des Thot waren der Pavian und der Ibis. Thot galt als der Schreiber der Götter und protokollierte das Ergebnis vom Wiegen des Herzens beim Totengericht. In seiner Eigenschaft als Weisheitsgott galt er als der Erfinder der Hieroglyphenschrift.

Wadjet (Uto)

Analog zur oberägyptischen Kronengöttin Nechbet vertrat die Kronengöttin Wadjet Unterägypten; ihre dort gelegene Heimatstadt war Buto. Wadjet wurde gewöhnlich in Gestalt einer sich aufbäumenden Kobra dargestellt. Als omnipräsente, mächtige Uräusschlange an der Stirn des Pharaos schützte sie diesen vor jeglichem Übel. Nechbet und Wadjet verkörperten zugleich die zwei Kronen des Landes. Auf Tempelwänden sind sie zu sehen, wie sie in Gestalt zweier Frauen den König mit der Doppelkrone von Ober- und Unterägypten krönen.

Register

Literatur

Reclams Lexikon des alten Ägypten
Ian Shaw & Paul Nicholson - Reclam (1998)

Lexikon der ägyptischen Baukunst
Dieter Arnold - Albatros/Patmos (2000)

Tal der Könige. Die Ruhestätte der Pharaonen
Erik Hornung - C. H. Beck (2002)

Lexikon der Pharaonen
Thomas Schneider - Albatros/Patmos (2002)

Echnaton. Die Religion des Lichts
Erik Hornung - Artemis & Winkler (2003)

Ramses II.
Hermann A. Schlögl - Rowohlt (1993)

Tutanchamun. Der ewige Glanz des jungen Pharaos
T. G. Henry James & Araldo De Luca - Karl Müller Verlag (2000)

Tutanchamum - Das Goldene Jenseits
Grabschätze aus dem Tal der Könige
Hrsg. André Wiese & Andreas Brodbeck - Hirmer Verlag (2004)

Tutanchamun. Leben und Sterben des jungen Pharaos
Christine el Mahdy - Goldmann (2004)

Der Mensch des Alten Ägypten
Hrsg. Sergio Donadino - Magnus (2004)

Mumien
Renate Germer - Artemis & Winkler (2001)

Das Tier im alten Ägypten
Philippe Germond - Hirmer (2001)

Abbildungsnachweis

Sämtliche Abbildungen mit Ausnahme der unten genannten © Werner Forman Archive

6, 11 o., 38–39, 82, 84, 92, 132, 133, 142, 143, 150–151, 152–153, 155 u. und o.li., 156–157, 158–159, 161, 164, 165, 166, 167, 174, 176, 177, 178–179 © Dr. E. Strouhal

Ariadne Gallery, New York: 237 u.; Ashmolean Museum, Oxford: 18, 22; British Museum, London: 21, 56, 63, 64, 76, 106 u., 168 u., 168 u., 168 o., 169, 170–171, 180 o., 184, 208–209, 210–211; Brooklyn Museum, New York: 118, 126 o.; Bootsmuseum, Giza: 36; Christie's London: 126 u., 192 u., li., 196, 198, 229 o. und u., 230, 231, 225 u., 247 li., 248 u.; Sammlung George Ortiz, Vandoeuvres: 80; Antiquarians Gallery, New York: 201; Daedallus Gallery, New York: 202; Detroit Institute of Art: 127; Ägyptisches Museum, Berlin: 70 u., 120, 123, 134, 175 o.; Ägyptisches Museum, Kairo: 16, 23, 26, 27, 32, 33 u., 37 o., 46, 47 li., 47 re., 48 o., 48 u., 49 u., 54, 55, 57 o., 60, 66, 69 o., 70 o., 72 o., 72 u., 81, 88, 96 u., 99, 102, 115, 116, 117, 119, 129 o., 136–137, 138, 139, 140, 141, 144–145, 146, 147 li. und re., 148, 149 o. und u., 175 u., 186–187, 191 u., 193, 194, 197, 200, 203, 206 o.li., 206 o.re., 206 u., 207, 212 o., 212 u., 213, 226–227, 235, 247 re., 249; Ägyptisches Museum, Turin: 59 o., 59 u., 67, 85, 135, 191 o.; Fitzwilliam Museum, Cambridge: 77 o., 214, 215; Griechisch-Römisches Museum, Alexandria: 205; Gulbenkian Museum, Lissabon: 232; J. Paul Getty Museum, Malibu: 233; John Kluge Collection, Virginia: 199; Louvre, Paris: 28, 29, 43, 74 o., 125, 188 u., 189, 217; Luxor Museum: 242; Metropolitan Museum of Art, New York: 68, 69 u., 77 u., 71, 73, 75, 124 o., 182, 188 u. und o., 192 o.; Museum of Fine Arts, Boston: 228; Nicholas Reeves, London: 216; Ny Carlsberg Glyptotek, Kopenhagen: 33 o., 42, 79; Privatsammlung: 185; Royal Museum of Art & History, Brüssel: 180 u., 181, 183; Royal Scottish Museum, Edinburgh: 65; Schimmel Collection, New York: 114, 121, 122, 124 u., 190; Schindler Collection, New York: 225 o.; St. Louis Art Museum: 87

Der Verlag dankt Themis Halvantzi und Barbara Heller vom Werner Forman Archive
für ihre freundliche Unterstützung bei der Entstehung dieses Buchs.